EL CATÁLOGO MODERNISTA DE LA LIBRERÍA DE PUEYO (1908)

El catálogo modernista de la librería de Pueyo (1908)

—Edición facsímil—

Introducción de

**María José Montes y
Antonio Sánchez Trigueros**

Granada, 2024

Colección Archivum

DIRECTOR: Juan Calatrava

Edición facsímil del Catálogo sobre el ejemplar existente en el Archivo del poeta José Sánchez Rodríguez.

© UNIVERSIDAD DE GRANADA

ISBN: 978-84-338-7375-0. Depósito legal: GR./443-2024

Edita: Editorial Universidad de Granada
Campus Universitario de Cartuja. 18071 Granada
Telfs.: 958 24 39 30 – 958 24 62 20
web: editorial.ugr.es

Maquetación: CMD. Granada
Diseño de cubierta: Tarma. Estudio Gráfico
Imprime: Printhaus. Bilbao

Printed in Spain   *Impreso en España*

"¡UN CATALOGUE! ¿Est-ce la peine de parler d'un catalogue? ¿Pourquoi pas, si ce catalogue se recommande à l'attention de tous les gens de goût par la beauté et la rareté des livres qui le composent…?" Estas tres frases de Silvestre de Sacy (1853) encabezan la larga cita que Rodríguez Moñino sitúa por delante de su estudio bibliográfico *Historia de los Catálogos de Librería Españoles 1661-1840* (Madrid, 1966), donde en la línea de reivindicar la búsqueda e investigación de los viejos catálogos impresos, reúne una amplia lista de ellos, considerados como la aportación necesaria de los libreros españoles a la cultura bibliográfica. Con referencia al cruce de siglos XIX-XX, que es el periodo de nuestro interés, en el cual Moñino no entra, hay que señalar que son ya varios los catálogos bibliográficos reeditados, pero solo referentes a fondos editoriales, como la *Biblioteca Renacimiento* (1984) y *La España Moderna* (2002), y creemos que no hay más de esa época.

Normalmente los catálogos de editoriales y librerías son considerados material efímero en cuanto que una vez servida la información y anotado el pedido, el interés por ellos desaparece y acaban en el cesto de los papeles; esa es la explicación de que difícilmente se conserven estos catálogos, que quedan perdidos en el tiempo, sujetos casi exclusivamente a la supervivencia de la empresa editora o librera. Sin duda la equivocada consideración del necesario carácter efímero de este tipo de libritos o folletos hace que no sea fácil encontrarlos en un archivo o biblioteca, porque es muchos años después de su aparición cuando su interés se acrecienta como valioso documento y fuente de información que proporciona noticias y datos de la realidad específicamente literaria, científica o ampliamente bibliográfica de una época, periodo o momento determinado. Y su no conservación es más grave cuando se trata de catálogos de librerías, donde se reúnen con sentido materiales amplios y dispersos, que responden a elecciones selectivas y abiertas ejercidas sobre la actividad editorial, mientras que los catálogos de editoriales son relaciones cerradas que presentan con exclusividad sus fondos y colecciones disponibles.

Así el *Catálogo* de Pueyo (1908), que aquí ofrecemos en edición facsímil, lo es del depósito, existencias y fondo concreto de una Librería, no de una Editorial. He ahí uno de los puntos de interés de esta joyita bibliográfica que encontramos medio escondida en una de las carpetas de documentos del Archivo del poeta José Sánchez Rodríguez (Málaga, 1875-1940). Este *Catálogo*, fruto afortunado de una amplia selección, nos ofrece el estado de la última literatura española e hispanoamericana correspondiente a ese momento preciso de 1908. Recordamos que, a poco de descubrirlo, nos cupo la suerte de mostrárselo a nuestro admirado don José Simón Díaz, maestro hispánico de la Bibliografía, en uno de sus últimos viajes a Granada, y nos confesó todo emocionado, que, si bien sabía de su existencia, nunca había conseguido ver un ejemplar, al tiempo que nos animaba a darlo a conocer a la comunidad literaria, que lo agradecería vivamente. En efecto, en nuestras indagaciones hemos comprobado que o se desconoce la existencia de este *Catálogo* o se alude a él reconociendo no haberlo visto. Y esto es lo que hoy presentamos: el *Catálogo de Obras Modernas en prosa y verso de Autores Españoles e Hispano Americanos* (Librería de Pueyo, Mesonero Romanos, 10, Madrid, 1908). Pero aplacemos hablar del *Catálogo* y centrémonos por un momento en su responsable, el librero Gregorio Pueyo Lamenca (Panticosa, Huesca, 1860 - Pozuelo de Alarcón, Madrid, 1913).

Un joven lector de *Luces de bohemia*, guiado por la mano de su autor, don Ramón del Valle-

Inclán, llega a la escena segunda y en la acotación se da de bruces con un personaje grotesco como ninguno de los que aparecen a lo largo de todo el emblemático texto; se trata de Zaratustra, el librero sobre el que Valle, de una manera implacable, aplica su lente deformante con este resultado: abichado, giboso, la cara de tocino rancio, con caracterización de fantoche tramposo y estafador, vendedor de folletines, los pies entrapados y todo él enmarcado en una degradada escenografía de libros amontonados como escombros, con presencia activa en escena de ratón, perro, loro y gato. No hay retrato más esperpéntico en todo el libro, y no hay comentarista del texto que no haya identificado al personaje con el librero Gregorio Pueyo, en el que Valle volcó todo el ímpetu deformante que con el resto no ejerció o ejerció en menor medida. Seguro que algo hubo de venganza personal, aunque de todas maneras el librero, que murió en 1913, no alcanzó a sentirse señalado, ya que la obra del gallego empezó a publicarse por entregas siete años después.

Y no fue Valle-Inclán el único que introdujo a Pueyo con daño en una obra literaria, como, por ejemplo, entre otros, hizo Cansinos Assens en su novela póstuma *Bohemia* (2002), donde aún es más cruel al introducirlo con su nombre y apellido: judío de judería, largo, encorvado, mechones de pelo canoso y sucio, ojos emboscados, nariz larga, gorda, aberenjenada, tumefacta y colgante, nariz de borracho, Shylock sentimental que se rendía al hechizo de los versos, sobre todo si no los entendía. Tampoco fue muy positivo Emilio Carrere en la utilización literaria que hace del librero en alguna de sus novelitas; deplorable la caracterización que hace del personaje de Gregorio Argüello, trasunto de Gregorio Pueyo, en *El dolor de llegar* (1909): "hediondo mercachifle que estrujaba a los que tenían la malaventura de caer en sus mallas", y eso que Pueyo había tenido a bien poner en sus manos y encomendarle la antología poética del momento, *La Corte de los Poetas* (1906), favor y gloria que Carrere nunca le agradeció debidamente.

Esta es pues la imagen literaturizada del librero que ha venido dominando en el escenario literario frente a los que, agradecidos, lo han defendido, como Diego San José en su *Gente de Ayer* (1952): "fue nuestro editor y nuestro paño de lágrimas muchas veces... Hombre bueno y aún generoso...verdad era que no pagaba mucho... o limitábase a costear la edición... o, en el caso de los potentados, había que poner dinero encima... Unos lo caricaturizaron e hicieron chacota de él; otros lo explotaron cuanto pudieron, luego de ponerle en la picota del ridículo como prototipo ejemplar de librero de lance y usurero"; aunque

claro San José no puede dejar de constatar el carácter *sórdido*, *lóbrego* y *angosto* de aquella librería
del *averno*.

Pero diez años antes Manuel Machado, asiduo
de la tertulia del Café Capellanes que mantenía
nuestro librero, había publicado en el diario *Arri-
ba* (Febrero, 1942) un par de artículos, que hoy
rescatamos del olvido, "La prehistoria editorial
del *Modernismo*", en que ya se hacía justicia al
personaje como arriesgado y valiente editor de
escritores jóvenes, que, "hombre bueno, honrado a carta cabal, serio en sus tratos, noble y aún
generoso... prefería los libros de versos a toda
otra clase de obras, a condición de que fueran del
nuevo estilo *modernista*... Pueyo, con un olfato
digno de su gran nariz, había venteado que aquella
poesía nueva tenía un porvenir seguro, que aquello
era lo que venía, y supo adelantarse a los demás
en su estimación y en la apreciación de su valor
mercantil". A esa valoración positiva del trabajo
de Pueyo añadía Machado un retrato de los rasgos
marcados de la figura, pero sin llamadas al dibujo
grotesco: "especie de Polifemo de aquella caverna
bibliográfica, era un hombrachón de buena estatu-
ra, cargado de hombros y pecho deprimido, muy
desgarbado, largas piernas y brazos, grandes pies
juanetudos y manos peludas con fuertes dedos a
manera de tenazas... Su cara de color terroso y

mal rasurada; anchas orejas destacadas, gran nariz cyranesca, boca dilatada y espeso bigote".

Fuera ya del testimonio de los contemporáneos que lo conocieron y trataron, ofrece gran interés el artículo que hace años apareció en la revista de la Universidad de Granada *El Fingidor* (n.º 28, 2006), firmado por un bisnieto del librero, Miguel Ángel Buil Pueyo, en el que trazaba su itinerario vital y cambios de domicilio comercial, desde su Panticosa natal hasta la madrileña calle Mesonero Romanos, aportando algunos nuevos testimonios de Rafael Cansinos, por ejemplo, y de uno de sus verdaderos amigos, Eduardo Zamacois, así como un par de documentos gráficos del personaje. De todo ello queda claro que Pueyo fue un esforzado trabajador del mundo del libro, que partiendo de la nada consiguió convertirse en un ambicioso librero y editor de referencia del momento literario, desde sus modestísimos inicios en 1881 hasta su muerte en 1913, sin olvidar que su viuda y sus hijos con parecidos criterios y más dificultades continuaron el negocio al menos hasta mediados de la década de los veinte. Años después Buil Pueyo incidió más en el tema con un artículo en *La cueva de Zaratustra* (www.tallerediciones.com) y un libro, *Gregorio Pueyo 1860-1913, librero y editor* (2010), donde reunió todo el material que había acumulado en sus investigaciones. Pero volvamos ya a hablar del documento que nos interesa presentar.

En uno de los primeros números de la exitosa colección *El Cuento Semanal* (1908) aparece un anuncio de la Librería Pueyo que dice: "El nuevo *Catálogo* de obras modernas en prosa y verso publicado por esta casa contiene un prólogo muy curioso, referente al movimiento literario contemporáneo en España y América. Se sirve gratis". El *Catálogo* que ahí se anuncia y ahora nos va a ocupar, es un librito de 81 páginas, impecablemente editado, que se acabó de imprimir el día 10 de marzo de 1908, con el largo título en la cubierta, que ya hemos consignado con anterioridad, y con el logotipo en la contracubierta ocupando su mitad inferior, un logotipo (águila, nubes y libros, en blanco y negro) firmado nada más y nada menos que por un jovencísimo Juan Gris de apenas veintiún años, que ya vivía en París y que será también responsable de la ilustración de la cubierta de algún libro de los editados por Pueyo, como *Las canciones del camino*, de Francisco Villaespesa o *Alma. Museo. Los Cantares*, de Manuel Machado. El interior del *Catálogo* ofrece la siguiente distribución original: un prólogo de 8 páginas, sin firma, pequeña historia literaria sobre el periodo en cuestión, unos doce años, referido a todos los géneros literarios, periodo que se trata de identificar expresamente con un concepto amplio de "Modernismo", coincidente con el que defendería lustros después Juan Ramón Jiménez (de Rubén Darío a Miguel de Unamuno): "No pueden negarse ya los timbres de gloria de esta inmensa transformación estética del moderno movimiento literario que *a fortiori* determina el entronizamiento de lo que hasta hace poco se llamó turbiamente *modernismo*. Su influjo resulta decisivo en nuestras letras y marca nuevos rumbos y orientaciones que conviene señalar aquí. Tal es la razón que nos induce a presentar en pocas palabras, y a guisa de prólogo, una breve reseña de dicha evolución, basada principalmente en la labor de los poetas y novelistas a cuyas obras ha dedicado esta casa su preferencia". Creemos que se puede aventurar que el autor del prólogo fue Enrique Díez-Canedo, quizá, de entre todos los candidatos jóvenes posibles y cercanos al librero, el que mejor conocía el conjunto de la literatura española y americana del momento. Después del prólogo, como se señala en el *Catálogo*, "la casa Pueyo ha reunido aquí la más completa lista de lo que pudiéramos llamar la legión de honor de la moderna literatura española e hispano-americana", o sea, lo que en otra página del *Catálogo* se designa como "la novísima generación literaria". En efecto el censo en orden alfabético forma un total de 154

autores, 125 españoles y 29 americanos, y el total
de libros escogidos 744 (25% de poesía, 40% de
narrativa, 15% de teatro y 25% de ensayo, crítica
y otros). Pero lo que viene a añadir un gran valor
más a este *Catálogo* es que "se hace una breve
reseña del espíritu, género, estilo, etc. de cada
uno de los autores que en él figuran", a los que
se dedican entre 4 y 12 líneas de caracterización
que suelen ser bastante ajustadas y ponderadas y
demuestran un conocimiento mínimo pero acer-
tado del autor en cuestión, a lo que se añaden las
obras disponibles y el precio del ejemplar. Y hay
que decir que en la relación están todos los que
tienen que estar y naturalmente muchos más; y lo
que se dice faltar, faltan pocos, aunque la mayoría
de los que no aparecen en el *Catálogo* están citados
en el prólogo: faltan en uno y otro lugar Ricardo
León y Ramiro de Maeztu, entre los españoles, y
José Martí, José Enrique Rodó y Herrera y Reissig,
entre los americanos. Y no está ausente la literatura
regional (Gabriel y Galán, Vicente Medina) y la
literatura femenina, con presencia, eso sí, escasa,
de cuatro escritoras, sólo una relevante, Carmen de
Burgos *(Colombine)*. Finalmente hay que señalar
que entre los nombres importantes reunidos en
el *Catálogo*, llaman la atención por el número
de sus obras que se ponen a la venta (más de 12
títulos), tres autores de teatro, cuatro novelistas,

un cronista literario y un poeta: Jacinto Benavente con 4 libros de prosas y 13 tomos de teatro (45 obras en total), Joaquín Dicenta con 29 obras, la mayoría dramas, Santiago Rusiñol con 19 títulos, Vicente Blasco Ibáñez con 14 novelas y 3 libros de cuentos, Gregorio Martínez Sierra con 12 títulos de narrativa, crítica o poesía, Valle-Inclán con 11 novelas o cuentos y 1 tomo de poesías, Pío Baroja con 10 novelas y 2 libros de cuentos, Enrique Gómez Carrillo con 15 volúmenes de críticas y crónicas, y Salvador Rueda con 24 obras, la gran mayoría poéticas; fuera de estos grandes nombres destacan el "galante" Eduardo Zamacois con 23 títulos, casi todos de narrativa, y el novelista, bohemio devoto de Emile Zola, José de Siles con 23 títulos, donde hay de todo, poesía, crítica de arte, comedias, pero sobre todo novelas y cuentos.

Y algo más. Con respecto a la actividad librera de Pueyo hay que completar estas páginas que le dedicamos hablando de sus importantes iniciativas como editor, a la que ya se referían los compañeros contemporáneos como hemos visto. En efecto, habría que hacer un rastreo a fondo de publicaciones de esos años para reconstruir en su totalidad el que propiamente sería su completo Catálogo Editorial. Algunos datos podemos aportar al respecto que dan noticia de obras literarias relevantes que publicó (su bisnieto habla de 240 en las páginas que dedica al editor) entre las cerca de cuarenta que tenemos identificadas, muchas de ellas incluidas en la colección *Biblioteca Hispano-Americana* que el esforzado librero llegó a crear y mantener. Merece la pena traer aquí y poner atención en algunos de esos títulos que por fortuna Pueyo decidió editar: *La Corte de los Poetas (Florilegio de rimas modernas)*, antología encargada a Emilio Carrere (1906), *Soledades. Galerías. Otros poemas,* de Antonio Machado (1907), *Alma. Museo. Los cantares,* de Manuel Machado (1907), con prólogo de Unamuno y cubierta de Juan Gris, *Tristitiae rerum (La tristeza de las cosas)* y *Las canciones del camino,* de Francisco Villaespesa (1906), este último con prólogo del portugués Manuel Cardia y cubierta también de Juan Gris, y del mismo poeta, entre otros libros más, la tercera edición aumentada de *La copa del rey de Thule,* que llevaba como prólogo un "Elogio del poeta" de Juan Ramón Jiménez, el *Libro de las Victorias (Diálogos sobre las cosas y sobre el más allá de las cosas)* y *La fiesta de la sangre (novela mogrebina),* de Isaac Muñoz Llorente (1908, 1909), al que llegó a editarle otros tres libros, *La cópula,* de Salvador Rueda (1906), *Las Sibilas de París,* de Enrique Gómez Carrillo (1910), *Los grandes maestros: Salvador Rueda y Rubén Darío (Estudio cíclico de la poesía española en los últimos tiempos),* de Andrés González Blanco (1908) y la primera edición de *La casa de la primavera*, de Gregorio Martínez Sierra. Valga esta relación de doce títulos significativos como muestra variada de la acción editorial que el librero Gregorio Pueyo llevó a cabo en aquellos años de plenitud del modernismo, una labor que después de su muerte continuaron, al menos durante una década, su viuda y sus hijos y que en nuestros días uno de sus descendientes trata de reivindicar con toda justicia.

DISEÑO AUSTERO PARA LA CUBIERTA DEL
SEGUNDO LIBRO DE ANTONIO MACHADO.

Biblioteca Hispano-Americana.

ANTONIO MACHADO

Soledades.

Galerías.

Otros poemas.

MADRID
LIBRERÍA DE PUEYO
Mesonero Romanos, 10.

1907

MANUEL MACHADO

ALMA

MUSEO · LOS CANTARES

BIBLIOTECA HISPANO-AMERICANA

Francisco VILLAESPESA

LAS
CANCIONES
DEL
CAMINO

Madrid * Librería de Pue-
yo * calle del Carmen, número 33 * MCMVI * * * *

Isaac Muñoz.

LA FIESTA DE LA SANGRE

NOVELA MOGREBINA

MADRID ✳ Librería de Pue
10, Mesonero Romanos, 10.

Un libro de Villaespesa editado por
la viuda de Gregorio Pueyo (1914).
Cubierta de Gregorio Vicente.

AJIMECES
D ENSVEÑO
POESIAS DE
FRANCISCO VILLAESPESA
LIBRERIA DE LA Vᵈᵃ DE PUEYO

GREGORIO VICENTE

CATÁLOGO

DE

Obras modernas

MADRID

Librería de Pueyo

Mesonero Romanos, 10

1908

Advertencias importantes.

Los pedidos que se hagan de cualquier plaza de España deberán venir acompañados de su importe, más 0,25 para el certificado y 5 céntimos por cada peseta para franqueo.

A los pedidos de Portugal deberá acompañarse su importe á razón de 1,10 por peseta. En pedidos menores de 5 pesetas se incluirá 0,25 para el certificado.

Los pedidos de Extranjero deben venir acompañados de 1,20 por cada peseta. En pedidos menores de 5 pesetas se agregará 0,25 para certificado.

NOTA.—Las remesas de fondos que se hagan en dollar, bon de poste, shilling, marcos, liras, francos, etc., se abonarán con el beneficio que se obtenga en el cambio.

Catálogo de Obras modernas.

CATÁLOGO

DE

Obras modernas

EN PROSA Y VERSO

DE

Autores españoles é hispano-americanos

MADRID
LIBRERIA DE PUEYO
Mesonero Romanos, 10.

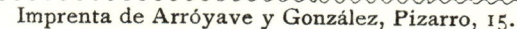

Imprenta de Arróyave y González, Pizarro, 15.

PRÓLOGO

~~~~~~~~

Nunca fué España país infecundo en ningún género de producciones literarias. Ya influenciando ajenos estilos, ya fructificando al calor de extrañas simientes intelectuales, desde siglos remotos la poesia hispana, en todas sus variadas manifestaciones, valiéndose de la lengua del Lacio, esplayándose en el lenguaje romanceado, siempre progresando y ciñéndose á la actualidad, águila ó paloma, nos ha remontado á las alturas, ó nos ha embelesado con sus arrullos, pero siempre rebelde, revolucionaria, hechicera, esplendorosa.

Juan de Mena, en su *Laberinto*, sigue las inspiraciones dantescas; Garcilaso, en sus *Eglogas*, cristaliza las dulzuras virgilianas; Meléndez Valdés, en sus *Anacreónticas*, modula las almibaradas y facticias sonatas pastoriles de la época de Luis XV; Espronceda, en su *Diablo Mundo* y *El Estudiante de Salamanca*, es como el clarín de guerra del romanticismo que pregona á todos los vientos el triunfo arrollador y deslumbrante de la escuela byroniana.

Gustavo Adolfo Becquer nos muestra una tendencia especial, si bien en justicia no pueden desconocerse los precedentes hallados en el poeta alemán Heine, con quien tiene singular parecido.

Innovando ó restaurando, jamás permaneció estéril en nuestra patria el campo de la literatura.

Y tal exuberancia y frondosidad, acreciéntase en grado supremo en esos boscages tropicales de la inteligencia que se llaman *Mística, Teatro, Romancero* y *Novela picaresca*, enjendros nacionales, plantas gigantescas, cuyas raíces arrancan de las propias entrañas de nuestro pueblo singularísimo.

A nadie, pues, debe causar asombro la magnífica floración lírica y novelesca, especialmente (ya que también la *Crítica* y la *Escena* ofrecen representantes valiosos), que en estos días vienen llenando con sus perfumes penetrantes, sus matices fascinadores y sus armonías encantadoras, los libros sugestivos de la novísima generación literaria.

No pueden negarse ya los timbres de gloria de esta inmensa transformación estética del moderno movimiento literario que *à fortiori* determina el entronizamiento de lo que hasta hace poco se llamó turbiamente *modernismo*. Su influjo resulta decisivo en nuestras letras y marca nuevos rumbos y orientaciones que conviene señalar aquí. Tal es la razón que nos induce á presentar en pocas palabras, y á guisa de prólogo, una breve reseña de dicha evolución, basada principalmente en la labor de los poetas y novelistas á cuyas obras ha dedicado esta casa su preferencia.

Los primeros innovadores y revolucionarios de la métrica se llaman Salvador Rueda, Manuel Reina y Ricardo Gil. Esos son los precursores del actual florecimiento lírico, tal vez el más grande de la poesía española, al decir de críticos ilustres.

Manuel Reina, de forma correcta, impecable, y Ricardo Gil, castizo y delicado como pocos, implican en los comienzos de la evolución poética moderna, dos gloriosas personalidades llenas de luz, de color y de vida; mas el gran SALVADOR RUEDA, el maravilloso y mágico aurífice del verso castellano, es quien en España abre con inspirado acento los dilatadísimos horizontes del actual mo-

do de sentir, y al romper en sus poesías, cierta-
mente insuperables, los clásicos moldes del idioma
poético y de la consagrada métrica, sobrado es-
trechos para abarcar las inmensas creaciones de
este autor inaugura la revolucionaria era del *modernismo,* afrontando apasionadas censuras y la
guerra sin cuartel de una crítica, que mostrába-
se ardiendo en santos rencores por supuestos de-
cretos del propio Apolo.

¡Inútil afán! El templo de las Musas no había
sido profanado, no; pero los dioses pasan y aquellos del cielo poético que inspiraron las grandes
obras de épocas anteriores, iban á ceder su gloria
á un más amplio y artístico pensar. Rueda venció;
su figura destácase aureolada de luz en los comienzos de la evolución modernista, con una personalidad propia, originalísima, y cada día más
llena de intensa juventud, que nadie absolutamen-
te, le puede disputar. Es, por lo tanto, el más re-
volucionario, el más original y el más español de
nuestros triunfadores del día.

Conviene observar que en los últimos años del
pasado siglo, la influencia europea condensada
en Francia llegó hasta nosotros, por medio, en
un principio, de los escritores americanos. Y ya
es la ocasión de apuntar los nombres principales
de Gutiérrez Nájera, Julián del Casal, José Asun-
ción Silva y Rubén Darío.

Para acabar aquí con la reseña de nombres americanos, forzoso es citar en lugar preeminente á
Leopoldo Lugones, argentino, y á los Díaz Mi-
rón, Ugarte, Icaza, Nervo, Chocano, Valencia,
Fombona, Gómez Jaime, teniendo á Vargas Vila
por pan-americano y á Gómez Carrillo por completamente español de Madrid y de París.

Y volviendo á los nuestros por orden cronológi-
co, hay que citar en primera línea á Francisco Villaespesa y á Juan R. Jiménez, con quienes empieza
la batalla del *modernismo.* Fundador incansable
de revistas y periódicos, promovedor de relaciones literarias internacionales entre los países lati-

nos, instigador y amparador de toda juventud artística, Villaespesa, aparte su obra personal fecunda y hermosa, representa el entusiasmo en la lucha por el arte y la actividad en la vida de las letras.

Electra, Juventud, Germinal, La Revista Ibérica, El Renacimieto Latino, La Revista Latina, son publicaciones que llevan su nombre.

Es un poeta Villaespesa delicado y castizo, sensual y primoroso. Sus rimas son una melodía; sus ideas, ensueños de hadas.

La nota personal y ultra-delicada de Juan R. Jiménez, fué uno de los primeros matices de la lírica nueva y una de las enseñas del modernismo.

Hoy, que se han definido las distintas tendencias y en que, con la victoria de lo moderno, se dió al olvido el mote de modernismo, Jiménez, que debía quedar, ha quedado sin más que su nota personal por toda clasificación.

Eduardo Marquina y Antonio de Zayas pertenecen también al grupo de los primeros, en el cual—bueno es repetirlo—nada hay de común entre unos y otros. Empieza el reinado de la personalidad y acaba toda tendencia de escuela. Marquina es el vigor de la vida joven, un poco brusco y aun tosco en su primera manera, pero nada catalán, á pesar de su origen. Luego, al retorno de Francia adquiere fluídez, soltura y suavidad, que le faltaban para ser el poeta que es hoy. Añádase á estos nombres el de Gabriel y Galán, que dejó varios libros hermosísimos y fuertes, y el de Vicente Medina, sobradamente conocido.

Igualmente merece lugar señaladísimo Ramón del Valle-Inclán, quien lo mismo en prosa que en verso, demuestra cuán fácilmente vuela su inspiración por los espacios del gusto moderno. Sus creaciones son la quinta-esencia de la belleza. Aficionadísimo á consejas y leyendas populares, surge de la lectura de sus obras algo así como un perfume embriagador y misterioso que despierta en el alma un deleite inefable.

Acaba de completar el cuadro la vuelta del extranjero, de los dos hermanos Machado.

Manuel, el sevillano parisién, mezcla única é indefinible de elegancia y de gracia, de chic y de sal, tuvo con su libro «Alma»—varias veces agotado—el éxito más completo de estos últimos años. Ligero y fuerte, rico en matices como nadie y remando en un fatalismo sonriente que impregna de negra amargura exquisita sus composiciones saladas, ha sido llamado el Verlaine español—como á Espronceda y á Becquer—se les llamó el Byron y el Heine de España. La juventud del día recita sus estrofas de memoria á toda hora.

La reputación de Antonio, en cambio, se ha hecho obscuramente, y como á despecho del propio poeta y de la crítica, que no osa tocarlo, y del mismo público á quien encanta y sugestiona. Raras composiciones publicadas de tiempo en tiempo en periódicos y revistas, le han ido conquistando una á una el éxito más completo.

Su españolismo está fuertemente acentuado en un modo de sentir hondo, viril y sincero, que le pone en sitio por nadie disputado, y que él ni siquiera intentó escalar. Todas sus poesías son calificadas de obras maestras y una peregrinación de jóvenes poetas acude á beber en su fuente como en el más seguro y rico venero de poesía. Y he aquí completo el grupo de estos vencedores de treinta años.

Los que han venido después han encontrado llana y florida la senda en que aquéllos dieron la batalla.

El público aficionado, la opinión propicia, la crítica halagüeña, y son legión, entre la cual descuellan Pedro Barrantes, Blanco Belmonte, Pérez de Ayala, Fabra, Enrique de Mesa, González Anaya, Ortiz de Pinedo, Catarineu, Palomero, Carrere, Répide, Díez Canedo, jóvenes llenos de promesas felices usando ya de un idioma desentumecido y ágil y de una ideoogía libre y rica.

López de Alarcón, Pepita Vidal, Fortún, Sherif, Eduardo de Ory y tantos otros, forman en la novísima pléyade.

Gregorio Martínez Sierra, á quien puede considerarse como uno de los poetas más sanos, poeta en prosa, lleno de matices y emocionador como pocos, ha triunfado rápidamente.

Con este movimiento ha coincidido también el de la novela, el periodismo, el teatro y la crónica.

Benavente, el genial innovador dramático, secundado por los hermanos Quintero, Linares Rivas y el ya mencionado Martínez Sierra, han llevado á nuestro teatro sanas corrientes de modernidad. Merece aquí señalada mención la notable importancia del teatro catalán, donde Rusiñol, Guimerá, Crehuet é Iglesias, quedan en primer lugar. La crítica cuenta también con la vigorosa personalidad de los hermanos Edmundo, Pedro y Andrés González Blanco.

Por lo que se refiere á la novela española, bien puede decirse que ha entrado en una nueva fase. Su antigua manera híbrida de narración hueca y dañina, que puso en peligro este género literario relegándolo á un público ignaro y plebeyo, ha desaparecido. La novela castellana reanuda su historia brillante cerrando el paréntesis del novelón por entregas y el folletín desatinado y brutal.

Forzoso nos es mencionar como primeros paladines á los sobradamente conocidos Fernán-Caballero, Trueba, Alarcón, Antonio Flores, Valera, Pereda, Galdós, Emilia Pardo Bazán, López Bago, Palacio Valdés, Jacinto Octavio Picón, Pérez Nieva, Clarín, Silverio Lanza, José de Siles, etc., que puedan llamarse los progenitores de la novela moderna. Aun cuando sus obras no sean propiamente *modernistas*, hay que remontarse á ellas para comprender que fueron el primer baluarte en que tropezaron las novelas de capa y espada del género romántico que tanto perjudicaron á la mentalidad española durante cierta época del pasado siglo.

Dispuesto va el terreno, surgieron como por

arte de magia los Blasco-Ibáñez, Zamacois, Valle-
Inclán, Pío Baroja, Felipe Trigo, Martínez Ruiz,
Acebal, López Roberts, Luis Morote, Manuel
Bueno, Cristóbal de Castro, Arturo Reyes, José
Nogales, Pedro Mata, Dionisio Pérez, Alejandro
y Miguel Sawa, Martínez Sierra, Rusiñol, Héctor
Abreu, Ciges Aparicio, Larrubiera, etc., y merecen elogio por su labor los muchos que hoy se
consagran á labrarse un nombre en el difícil arte
de la novela, género literario en que comienzan á
gozar de buena fama Eduardo Barriobero, Isaac
Muñoz, Antonio de Hoyos, Angel Guerra, Euge-
nio D'Ors, Alvarez Insúa, José Francés, Vicente
Sanchís, Emiliano Ramírez Angel (autor de la
hermosa novela *La Tirana),* Pedro de Répide,
Suarez de Puga, González Anaya, Vicente Medina, Rafael López de Haro y tantos otros que sería prolijo enumerar.

Felipe Trigo, artista genial, de potente y bien
centrado espíritu, inicia una nueva orientación
que da á la novela un imponderable mérito filosófico y educativo. Su obra produce asombro por lo
intensa, lo bella y lo alta.

Isaac Muñoz viene al campo de los triunfadores
con un título nuevo: la sensibilidad y el amor ardiente, convulsivo y entero.

López de Haro rompe con valentía toda la red
de hipócritas timideces que antes detenía las plu-
mas analizadoras, y cuenta la vida con un bello
desenfado que sugestiona y encanta. Este novelista posee la virtud de la verdad y de la pasión y
es su obra una viril protesta contra los vicios sociales.

Al dar á la imprenta esta ligera enumeración
de los infatigables paladines de la moderna literatura castellana, llega á nuestro poder una verdadera joya del género novelesco, *La Cópula,* de
Salvador Rueda. Es una magnífica creación de la
que nada acertamos á decir, porque el arte produce con sus obras maestras emociones que care-
cen de adecuadas palabras. Para que el lector

pueda formarse una pequeña idea, copiamos á
continuación un párrafo del eminente poeta gallego y castizo prosista, Curros Enríquez: «La Cópula»—*dice*—*ó publicada hoy ó cincuenta años
después de muerto Rueda, como las mejores
obras de Diderot, tiene asegurado el triunfo
entre la gente de letras. Eso es oro de ley, afili-
granado y repujado á lo Arfe. Yo he gozado
leyendo sus maravillas de estilo, como viendo
la Custodia de Sevilla ó la de Toledo.*

No terminaremos este trabajo sin mencionar
especialmente á los varios y valiosos prosistas
americanos que aquí se han puesto.

Son éstos los ya mencionados al principio, Vargas Vila, Gómez Carrillo, Amado Nervo, Carlos
Octavio Bunge y José de Marmol, que en unión
de Blanco Fombona, Dominicci, Tulio M. Cestero, Pérez y Curis, Pagano, León Argüello, Sassone, Embil y otros muchos, sostienen dignamente
el honor literario de sus respectivas Repúblicas.

La **casa Pueyo** ha reunido aquí la más completa lista de lo que pudiéramos llamar la legión
de honor de la moderna literatura española é hispano-americana.

NOTA. Como podrá ver el lector en este Catálogo, se hace una breve reseña del espiritu, género, estilo, etc., de cada uno de los autores que en él
figuran. De tal suerte, es fácil orientarse para en
todo lo relativo á la adquisición de las obras que
más fueren del agrado de cada cual.

OTRA. En el caso de que por omisión involun-
taria haya quedado fuera de nuestro Catálogo
algún autor, agradeceremos que los interesados
nos lo manifiesten, incluyendo muestra de la obra
ú obras que tengan publicadas, lo que nos servirá
para hacer que figuren en las nuevas ediciones.

ACEBAL —Francisco.—

Es uno de los novelistas jóvenes más notables. *Huella de almas* es una obra encantadora llena de ingenuidad y de pasión y de una culta forma irreprochable. Tiene la gran emoción de las vidas mansas y profundas.

SUS OBRAS:

Huella de almas.. . . . . 2 pesetas.
Dolorosa. 3   »
De mi rincón.. . . . . 0,75 »
De buena cepa. . . . . 0,75 »
Nunca. —*comedia*— 3   »

ALARCÓN —Mariano.—

Joven autor dramático de grandes arrestos. Con decir que su primera producción ha sido dos hermosos tomos, conteniendo seis comedias y dramas, está hecho su elogio.

SUS OBRAS:

Moisés contemporáneo. —Contiene este tomo las obras siguientes: **El éxodo**— *drama en cuatro actos.*— **En el desierto**— *drama en cuatro actos.*—**La tierra de promisión**—

drama en cuatro actos . . . .   5 pesetas.

Del dolor al olvido.—Contiene este tomo las siguientes obras: **Rescata-da**— *drama en tres actos.*—**Rayos de Sol**— *drama en un acto.*—**La fuerza de la corriente** (La Sinfonía de las aguas) *drama en cuatro actos*   5 pesetas.

ALONSO Y ORERA —Enrique.—

Este escritor ha ensayado con éxito la novela de reconstrucción histórica. Y aunque ha publicado poco, su nombre es digno de figurar entre los avanzados de la juventud intelectual. Es un estudioso sin pedanterías de erudito.

SUS OBRAS:

El Triunfo de Harmodia —*novela*—.   1,50 ptas.

ALTAMIRA —Rafael.—

Es uno de los pensadores que más honra la ciencia española. Crítico eminente, su labor tiene aún mayor éxito en el extranjero que en España. En sus cuentos y en sus novelas campea un conocimiento exacto de la vida moderna y los más nobles y puros ideales estéticos. Altamira pertenece á ese grupo de hombres sabios y artistas de la «Institución Libre de Enseñanza», de que es alma el insigne Giner de los Ríos, y á quien tanto debe la cultura española. Ha traducido también *Mis amores,* del insigne escritor portugués Trindade Coello.

SUS OBRAS:

Mi primera campaña —*crítica y cuentos*— con un prólogo de Clarín.. . . . .   1,50 pesetas.
Cuentos de Levante..   2,50   »

Reposo —*novela*— . . . . 3 pesetas.
**Historia de España y de la civi-
lización española** —*2 tomos
con grabados*— 14   »
Psicología del pueblo español.. . 2   »
De historia y de arte —*estudios
críticos*— 5   »
Psicología y Literatura. 3   »
**Historia de la civilización espa-
ñola**. 2   »

AMORÓS —Juan Bautista.—*(Silverio Lanza).*

Es el novelista español más original y más atrevido. Es el precursor de Baroja, Martínez Ruiz y
todos los cultivadores de la paradoja. Su fantasía
recuerda á Poe; su estilo y su humorismo no tienen semejantes ni en nuestra literatura ni en las
extranjeras.

SUS OBRAS:

Cuentos políticos . . . . 2 pesetas.
Desde la quilla hasta el tope. . . . 2,50 »
Para mis amigos . . . . 2,50 »
Cuentecitos sin importancia 2   »
Artuña —*dos tomos*— 4   »
**Memorias biográficas acerca del
Excmo. Sr. Marqués del Mantillo** 5   »
La rendición de Santiago 2   »

ARCE —Francisco de.—

Su prosa castiza y amena, su observación atinada
y fina, y cierta poesía sutil, caracterizan la personalidad de este escritor dentro de la moderna
literatura americana.

SUS OBRAS:

Pasionales —*cuentos*— . . . . 2 pesetas.
La Calatrava —*novela*— 3   »

BARK —Ernesto.—

Con la gloriosa firmeza del apóstol pasa Bark, por la vida pensando en el supremo instante de la revolución social que ha de convertir al hombre en un ser libre, honrado y feliz. Víctima de persecuciones sin cuento, ha recorrido la Europa, soportando las adversidades con una serenidad de espíritu inquebrantable; pero en tanto, su gran amor, el amor á los oprimidos, le inspira páginas en que predica la buena nueva del anarquismo filosófico, y con ella el triunfo de la justicia, y el luminoso reinado de la verdad y del bien.

SUS OBRAS:

Filosofía del placer. 1. La Moral social. 2. Placeres altruistas. 3. La nueva fe. . . . . 3 pesetas.
La invisible *(novela contemporánea).* 3   »

BAROJA —Pío.—

Ha sido consagrado por toda la crítica como el heredero de aquella literatura picaresca bellamente castiza y llena de intenso y sabio color. Sus libros tienen á veces la cruda impetuosidad y sombrío realismo de Gorki, y á veces la sonrisa irónica y amarga de los grandes maestros del humorismo. Toda el hampa madrileña con sus pintorescos aspectos multiformes desfila por las páginas escritas en un castellano sobrio, de perfecta precisión y vigorosos tonos.

SUS OBRAS:

El mayorazgo de Labraz. . . . . . 3 pesetas.
Idilios vascos —*cuentos*— . . . . . 0,75 »

**Aventuras, inventos y mixtificacio-
nes de Silvestre Paradox,** —*nove-
la*— . . . . 3 pesetas.
La feria de los discretos —*nove-
la*— . . . . 3,50 »
El tablado de Arlequín —*cuentos*— . 1 »
Paradox Rey —*novela*— . . . . . . 3 »
Los últimos románticos —*novela*— . 3 »
Camino de perfección —pasión mís-
tica —*novela*— . . . . 3 »
La busca —*novela*— . . . . 3,50 »
Mala hierba —*id*— . . . . 3,50 »
Aurora Roja —*id.*— . . . . 3,50 »
Las tragedias grotescas —*novela*—. 3 »

BARRANTES —Pedro.—

Pedro Barrantes es un poeta sincero, que ha dado
en su obra inquieta toda la intensidad, y el negro dolor de la vida pobre y trashumante.

SUS OBRAS:

Anatemas —*poesías*— . . . . 2 pesetas.
Tierra y Cielo —*id.*— . . . . 3 »
Delirium tremens —*id.*—. . . . . . . 3 »

BARRIOBERO y HERRÁN —Eduardo.—

Eduardo Barriobero es un temperamento de apóstol, de apóstol rebelde soñador de gloriosas auro-
ras. Sus libros tienen poderosísimas energías y
en ellos late el entusiasmo más profundo. Bien
puede decirse que es el más radical y revolucio-
nario de los escritores jóvenes.

SUS OBRAS:

Misterios del Mundo —*Filosofía del
suicidio*— . . . . 1 peseta.
Cervantes de levita —*crítica social*— . . . . 1 »

Don Quijote de la Mancha —*comedia lírica*— sobre la base de la
obra del inmortal Cervantes. . . .   3 pesetas.
Guerrero —*novela documentaria*— .   2   »
Vocación —*novela documentaria*— .   3   »

BELLO —Luis.—

Es uno de los jóvenes que vienen á la palestra con
dotes suficientes para subir muy alto. Su libro
Tributo á París fué muy bien acogido por el público que lee.

SUS OBRAS

El Tributo á París —*prosas*— . . . . .   3 pesetas.
El Corazón de Jesús —*novela* de *El
Cuento Semanal*.   0,30   »

BENAVENTE —Jacinto.—

Jacinto Benavente es el más sutil, elegante, irónico, exquisito psicólogo del alma femenina y de
todas las frívolas complejidades del alma moderna. Es una de las más altas glorias de nuestro
teatro.

SUS OBRAS:

Cartas de mujeres. . . . .   3,50 pesetas.
Figulinas —*cuentos*—   3,50   »
Teatro fantástico.   3,50   »
Vilanos —*prosas*—   3,50   »

SUS OBRAS DE TEATRO:

Tomo I.—**El nido ajeno.—Gente conocida.
El marido de la Téllez.—De
alivio**   3,50

Tomo II.—**Don Juan.—La Farándula.—La
comida de las fieras.—Teatro
feminista**.   3,50

BLANCO BELMONTE —Marcos R.—

Es un notable discípulo de Manuel Reina que cultiva las letras con sin igual entusiasmo y asiduidad.

SUS OBRAS:

Aves sin nido —*poesías*— . . . . . . 2 pesetas.
La vida humilde —*poesías*— 3   »

De la tierra española —*cuentos*— .   3   »
Almas de niños. . . . .   0,75 »
La casa de Cárdenas   2   »
La poesía en el mundo —*poesías*—.   2   »
La ciencia del dolor—*novela* de *El*
    Cuento Semanal. . . . .   0,30 »

BLANCO FOMBONA —Rufino.—

Poeta orfebre: prosista de una elegancia suprema,
recuerda en su vida y en su arte á aquellos grandes espíritus del Renacimiento que se llamaron
Benvenuto Cellini y Leonardo de Vinci.

SUS OBRAS:

Cuentos de poeta. . . . .   4 pesetas.
Cuentos americanos. . . . .   0,75 »
Más allá de los horizontes.   4   »
El hombre de hierro —*novelín*—. .   5   »
Contes americains. . . . .   4,50 »

BLASCO IBÁÑEZ —Vicente.—

Sobradamente conocida es la labor ilustre de Blasco Ibáñez, el maestro del color. Como el gran
Zola, ha hecho de su obra al mismo tiempo que
un arte fuerte, un noble y viril ideal social.

SUS OBRAS:

Sangre y arena —*novela*— . . . . .   3 pesetas.
La Barraca —*novela*—   3   »
La Catedral —*novela*—   3   »
El intruso —*novela*—   3   »
Arroz y tartana —*novela*—   1   »
Cuentos valencianos.   1   »
Flor de Mayo —*novela*—   1   »
Sónnica la Cortesana— *novela*— . .   3   »
La Bodega —*novela*—   3   »
Cañas y barro —*novela*—   3   »
Entre naranjos —*novela*—   3   »
La Condenada —*cuentos*—   1   »
La Horda —*novela*—.   3   »

La maja desnuda —*novela*— . . . . 3 peseta.
Cuentos grises. . . . . 0,50 »
A la sombra de la higuera —*cuentos* 0,50 »
La Cencerrada. . . . . 0,75 »

BOBADILLA —**Emilio**— *Fray Candil*.

Es el más popular de nuestros críticos. Su labor como tal es de verdadera higiene literaria. Como poeta, ha dejado un libro admirable: *Vórtice*. Su musa es tan desenfadada y mordaz como su prosa. A veces siente también la inquietud y la tristeza de la vida moderna, y entonces sus estrofas nos hieren el corazón con una intensidad de amargura profundísima. Bajo el poeta siempre se ve al hombre impetuoso y rebelde.

SUS OBRAS:

A fuego lento —*novela*— . . . . . . 3 pesetas.
Vórtice —*poesías*— . . . . 3 »
Al través de mis nervios —*crítica y sátira*— . . . . 3 »
Novelas en gérmen. . . . . 2 »
Grafómanos de América —*crítica*— 3 »
Sintiéndome vivir —*salidas de tono*. 3 »
El Padre Coloma y la aristocracia. . 1 »
Escaramuzas —*sátira y crítica*— . . 3 »
Capirotazos —*idem*— . . . . 4 »
Triquitraques —*crítica (agotado)*— . 3 »
Solfeo —*crítica y sátira*— . . . . . 3,50 »

BRENES MESÉN —**Roberto.**—

Poeta americano de grandes arrestos.

SUS OBRAS:

En el silencio —*poesías*—. . . . . . 3 pesetas.

BRIGA —Augusto.—

Augusto Briga es un discípulo de los eróticos lati-
nos que maneja el verso con habilísima soltura.

SUS OBRAS:

Mundanas —*poesías eróticas*— . . . 3 pesetas.

BUENO —Manuel.—

Es de los periodistas españoles que han realizado
una labor más rica y completa. Está impreg-
nado de la fina y ática sutilidad parisién, y al
mismo tiempo posee una amplia sentimentalidad.

SUS OBRAS.

Viviendo —*cuentos*—	2 pesetas.
Almas y paisajes —*cuentos*—	2,50 »
Corazón adentro —*novela*—	3 »
A ras de tierra —*artículos*—	1 »
Guillermo el apasionado — *novela* de *El Cuento Semanal*	0,30 »

BURGOS SEGUÍ —Carmen de *(Colombine)*.—

Entre las mujeres españolas que á la literatura se
dedican, ocupa lugar preeminente.

SUS OBRAS:

Modelo de cartas	1 peseta.
Arte de saber vivir	1 »
Por Europa	4 »
La cocina moderna —*libro de cocina*.	1 »
El tesoro del Castillo —*novela* de *El Cuento Semanal*	0,30 »

BURGUETE —Ricardo.—

Nuestros desastres nacionales han tenido en este
heroico militar su historiador más severo. Dotado de una cultura muy sólida y muy moderna,

sus libros y sus conferencias han abierto nuevos horizontes á nuestro renacimiento social.

SUS OBRAS:

La guerra de Cuba. . . . . 1 peseta.
La guerra de Filipinas. . . . . 1 »
Dinamismo espiritualista . . . . 3,50 »
El problema militar . . . . 1 »
Morbo nacional. . . . . 2,50 »
Preparación de las tropas para la
  guerra . . . . 2 »
Mi rebeldía . . . . 3,50 »
Corsarios y piratas . . . . 2 »

CAMBA —Francisco.—

Es un joven que revela grandes aptitudes. Su obra *Camino adelante* deja indeleble recuerdo por su artística factura y viril estilo.

SUS OBRAS:

Camino adelante —*novela*— . . . . 2 pesetas.

CÁNOVAS Y VALLEJO —José.—

Cánovas ha hecho del cuento una especialidad, que maneja con soltura y cuidadoso estilo. Sus libros interesan y emocionan por el calor de vida que en aquellos relatos ha sabido infundir y con notable acierto también sabe pintar burlescamente tipos y costumbres del mundo político y oficial.

SUS OBRAS:

Cuentos de éste. . . . . 2,50 pesetas.
El compañero de viaje. . . . . 2 »

CARRÉRE —Emilio.—

Es un extraño poeta preciosista. Sus libros tienen brillantez de imágenes y rareza y profundidad en el sentir. En sus páginas inquietantes hay motivos estéticos que revelan una intensa y definida personalidad.

SUS OBRAS:

Románticas —*poesías*— . . . . . . 1 peseta.
El Caballero de la Muerte —*poesías* 3 »

CARRETERO —Manuel.—

Manuel Carretero es un luchador incansable. Sus trabajos en *Vida Galante, Mercurio, Blanco y Negro* y otras revistas importantes, le han ido conquistando el puesto que hoy ocupa en la moderna literatura.

SUS OBRAS:

La espuma de Venus . . . . 0,50 pesetas.
El triunfo de la vida.. —*novela*— 3 »

CASTRO —Cristóbal de.—

El ameno cronista es al mismo tiempo un excelente literato, en cuyas obras hay diseños de mujeres que revelan un psicólogo femenino de gran mérito. Su prosa es de un exquisito colorismo. Sus versos sonoros y sentidos valen su prosa.

SUS OBRAS:

Las niñas del Registrador —*novela* 3 pesetas.
El Amor que pasa —*poesías*— . . . 2 »
Rusia por dentro —*Impresiones de viaje*— . . . . 3 »
Luna, Lunera —*novela* de *El Cuento Semanal*—. . . . . 0,30 »

CATARINEU —Ricardo J.—

Poeta de inspiración vigorosa y de forma correcta. Como crítico ha hecho popular el pseudónimo de *Caramanchel.*

La huelga de los herreros —*Traducción de F. Copee*— . . . . . . 1 peseta.

Giraldillas —*versos*— con prólogo de Clarín. . . . . 2 »

El Deber —*comedia en dos actos*— en colaboración con Pedro Mata. . 2 »

Estrofas —*poesías*— . . . . 2 »

Almas errantes—*novela*— edición de *El Cuento Semanal*. . . . . 0,30 »

CESTERO —Tulio M.—

Tulio M. Cestero es uno de los escritores americanos de mayor renombre entre los modernos. Sus prosas son verdaderos poemas llenos de matices delicadísimos. Su último libro *Sangre de Primavera* es una valiosa joya de fina pedrería.

Citerea—*poema en prosa*—. . . . 0,75 pesetas.

Sangre de Primavera —*prosas*— 3 »

CIGES APARICIO —M.—

Es el Gorki de nuestra literatura. Su prosa, sobria y realista, da las sensaciones con crispadora intensidad. Su obra está henchida de generoso amor.

Del cautiverio —*novela*— Impresiones de la guerra de Cuba. . . . . 3 pesetas.

Del hospital —*novela*— . . . . . . 3 »

Del cuartel y de la guerra —*novela* 3,50 »

El Vicario —*novela*— . . . . 3,50 »

Del periódico y de la política —*novela*— . . . . 3 »

CONTRERAS DE RODRIGUEZ —María del Pilar.—

Es una poetisa verdaderamente notable. Sus versos derraman en nuestra alma un bálsamo consolador. Solo entre nuestros poetas de la Edad de Oro, podríamos hallar cosa parecida. Sus composiciones poseen una ternura delicada que sugestiona y encanta. Su libro *Entre mis muros* debe ser el predilecto de toda familia cristiana y laboriosa.

SUS OBRAS:

Entre mis muros —*poesías*— . . . . 3 pesetas.
Páginas sueltas —*idem*— . . . . . . 2,50 »

CORTON —Antonio.—

Este ameno cronista americano es uno de los críticos más notables de nuestra juventud, acaso el más ámplio y el que ha comprendido mejor la orientación de la crítica moderna.

SUS OBRAS:

Pandemonium —*crítica y sátira*— . 4 pesetas.
Espronceda —*estudio crítico*— 2   »

CUQUERELLA —Félix.—

Es un joven poeta de dotes delicadas y finas que comulga en el mismo credo de nuestros maestros del modernismo.

SUS OBRAS:

Del amor —*poesías*— . . . . 2 pesetas.
De la vida —*id.*—. 2   »
Rimas de la prosa —*id.*— 2   »
Brumas. 2   »

CHOCANO —José Santos.—

José Santos Chocano, el más americano de los poetas de América, es una de las más legítimas glo-

rias de la lírica moderna castellana. La trompa
épica tiene en sus versos sonoridades extraordi-
narias.

SUS OBRAS:

Poesías completas —*versos*— . . .	2	pesetas.
Cantos del pacífico —*poemas*— . .	5	»
Los conquistadores —*drama heroi-* *co, en tres actos y en verso*— . . .	2	»
Alma América —*poemas indo-espa-* *ñoles*—	5	»
Fiat Lux —*poesías*—	5	»

DANVILA —Alfonso.—

Una de las personalidades más notables de las letras españolas, es este joven diplomático. Novelista, cuentista, historiador y dramaturgo, en
todas sus obras resplandece su estilo sutil y aristocrático. Sus figuras de mujer son dignas de la
pluma de Marcel Prevost.

SUS OBRAS:

Lully Arjona —*novela*—	3,50	ptas.
La conquista de la elegancia —*id.*—	3,50	»
Nina la loca —*comedia en tres actos.*	2	»
Cuentos de Infantas	3,50	»
Fernando VI y Doña Bárbara de **Braganza**	3,50	»
Luisa Isabel de Orleans y Luis I— *estudio histórico del siglo* XVIII. .	3,50	»
Odio —*novelas cortas*—	3,50	»
Diplomáticos españoles: D. Cristó- bal de Moura, primer marquésde Castel Rodrigo (1538-1619).	20	»

DARÍO —Rubén.—

Maestro admirable de la forma poética nueva castellana; ha influído grandemente en la moderna
revolución literaria. Su nombre va indisoluble-

mente ligado al mote de modernismo con que se
ha bautizado la última etapa de nuestra poesía.

SUS OBRAS:

Prosas profanas —*versos*—	5	pesetas.
Los raros —*prosas*—	2	»
España contemporánea —*prosas*— .	5	»
Peregrinaciones —*prosas*—	5	»
Cantos de vida y esperanza —*poesías*—.	5	»
Opiniones —*prosas*—	3,50	»
La caravana pasa —*prosas*—	5	»
Castelar — *estudio crítico*—	0,75	»
Parisiana —*prosas.*—	3,50	»
El canto errante —*poesías*—	3	»
Azul —*prosa y verso*—	1	»

DÍAZ MIRÓN —Salvador.—

El poeta impetuoso, el Byron americano, ha conseguido una popularidad enorme, no sólo en
América, sino en España.

SUS OBRAS

Poesías.	6	pesetas.
Lascas —*poesías*—	4	»

DICENTA — Joaquín.—

El popular autor de *Juan José*, es, sin disputa, uno
de los intelectuales más preferidos por el gran
público. Su labor, de una noble pujanza, es de
una sinceridad admirable.

SUS OBRAS:

Spoliarum —*cuadros sociales*— . . .	3	pesetas.
Tinta negra.	3,50	»
De la batalla —*novelas cortas*— . . .	3	»
Crónicas..	2	»
Espumas y plomo.	1,50	»
La finca de los muertos.	0,75	»
Cuentos.	0,25	»

El suicidio de Werther —*drama*— . 2 pesetas.
La mejor Ley —*drama*— . . . . . . 2 »
Los irresponsables —*drama*— . . . 2 »
Honra y vida —*leyenda dramática*— 1 »
Luciano —*drama*— .. . . . . 2 »
El duque de Gandía —*drama lírico*— 2 »
Juan José —*drama*— . . . . 2 »
El Señor Feudal —*drama*— . . . . 2 »
Curro-Vargas —*drama lírico*, en colaboración con Manuel Paso— . . . 2 »
La Cortijera —*id. id.*, en colaboración con Manuel Paso. . . . . . 2 »
El tío Gervasio —*monólogo*— .. . 1 »
Raimundo Lulio —*drama lírico*— . . 2 »
Aurora —*drama*— . . . . 2 »
De tren á tren —*comedia*— .. . . . 2 »
Pa mí que nieva —*zarzuela*— .. . . 1 »
El vals de las sombras —*idem*— . . 1 »
Traperías —*cuentos*— . . . . 2 »
De piedra á piedra —*idem*— . . . . 3 »
Amor de artista —*drama*— . . . . . 2 »
Desde los rosales —*crónicas*— . . . 2 »
Daniel —*drama* — . . . . 2 »
Una letra de cambio —*novela* de *El Cuento Semanal*— . . . . 0,30 »

DIEZ-CANEDO —Enrique.—

Entre los poetas de la novísima escuela descuella el autor de *Versos de las horas*, libro que recientemente obtuvo los aplausos más entusiastas de la crítica nacional.

SUS OBRAS:

Versos de las horas —*poesías*— . . 2 pesetas.
La visita del Sol —*idem*— . . . . . . 2 »
Del cercado ajeno —*idem*—. . . . . 2 »

DOMINICI —Pédro César.—

Entre todos los que en América han seguido las huellas de d'Annunzio, es, sin disputa, el que más cerca le llega al maestro. Su *Tristeza voluptuosa* y su *Dyonisos*, son dos de las novelas más bellas que se han publicado en castellano.

SUS OBRAS:

El triunfo del ideal. . . . . 5 pesetas.
Dyonisos —*novela*— 5   »

D'ORS —Eugenio.—

Es un notabilísimo escritor, en cuyo arte brillantísimo vive y palpita el espíritu heleno.

SUS OBRAS:

La muerte de Isidro Nonell.—*Narraciones arbitrarias*— . . . . 3 pesetas.

ESTESO —Luis.—

Es un versificador ingenioso del género picaresco y atrevido. Sus diálogos llenos de chistes, un tanto ambiguos, y los efectos teatrales que maneja con gran acierto, le han proporcionado muchos aplausos en la escena, donde, como sainetero, ocupa un lugar preferente.

SUS OBRAS:

La pobre Dolores —*sainete lírico de costumbres madrileñas, en tres cuadros y en verso*— . . . . 1 peseta.
La influencia del tango— *entremés cómico-lírico, en tres cuadros y en verso*— 1   »
Diálogos de teatro —contiene este tomo los diálogos de gran éxito: El ninchi, La tía, La reina gitana, ¡Pastillas plum! y La bofetada— . 1   »

La ladrona —*sainete lírico en tres cuadros y en verso*— .·. . . . . . . 1 peseta.
Los genios fuertes —*Entremés cómico-lírico, de costumbres andaluzas, en tres cuadros y en verso*— . 1   »
Reir que alegra *poesías sicalípticas* 0,25 »

FABRA —Nilo.—

Sólo dos libros han bastado para hacer resaltar la figura de este poeta novísimo entre los de su generación.

SUS OBRAS:

Interior —*poesías*— . . . . 3 pesetas.
Ingénuamente —*ídem*— 2   »

FERRÁNDIZ —José.—

El obscuro sacerdote que un día visitó al inolvidable Chíes para leerle los originales que á poco aparecieron con el nombre de Constancio Miralta, produjo una sensación inmensa y el furor que á muerte le ha perseguido de las clases que veían lanzados al público las negruras de su íntima organización. Comenzada la lucha, Ferrándiz la ha sostenido con valentía digna de todo elogio. El triunfo ya es suyo: los espíritus imparciales le admiran, y admiración profunda merecen páginas tan reales y tan hermosas como las contenidas en sus libros, agotados hoy varios de ellos.

SUS OBRAS:

Memorias de una monja —*novela*—. 2 pesetas.
El manuscrito de una monja —*íd.*— 2   »
La boda por su precio—Guía de novios—.. . . . . 0,30 »
Muerte del microbio —Mendicidad: Pavoroso problema español—. . . . 3   »
El Dies irae de San Huberto —*novela* de *El Cuento Semanal*—. . . . 0,30 »

FORTUN —Fernando.—

Un poeta exquisito y personalísimo, cuyo libro *La hora romántica*, constituye uno de los más grandes triunfos de la generación nueva. Hay sentimiento, intensidad y fuerza en estas estrofas, cinceladas como verdaderas joyas de orfebrería.

SUS OBRAS:

La hora romántica —*poesías*— . . . 2 pesetas.

FRANCÉS —José.—

Por su notable dualidad, como crítico sutil y novelista de visión amplia y segura, este escritor ocupa merecidamente uno de los primeros puestos de la actual generación. Bajo su estilo impetuoso, pulcro, rico en giros desusados y opulento como el de pocos, su espíritu rebelde se alza sin desmayos. Y aunque, en definitiva, este escritor sea un pesimista, hay en su rembranesca pincelada de novelador un amor de poeta, y su prosa es, á la vez, caricia y flagelamiento.

SUS OBRAS:

Abrazo mortal —*novela*— 3.ª edición.   0,50 ptas.
El alma viajera —*novela* 2.ª edición,
de *El Cuento Semanal*— . . . . . 0,30 »
Guignol —*teatro para leer*— . . . . 1,50 »
Galeradas —*crónicas*— 3   »

GABRIEL Y GALÁN —José María.—

Es un poeta que en brevísimo tiempo consiguió una sólida reputación. Sus obras, de las que se han hecho varias ediciones, son ya tan conocidas del público que nos consideramos dispensados de hacerle mayores elogios.

SUS OBRAS:

Campesinas (3.ª edición) —*poesías*— .. . . 2,50 pesetas.

Extremeñas (3.ª edición aumenta-
da) —*poesías*— con prólogo de
J. Maragall . . . . 2,50 pesetas.
Castellanas (2.ª edición aumenta-
da) —*poesías*— . . . . 2,50 »
Nuevas Castellanas —*id.*— . . . . 2,50 »
Religiosas —*idem*— . . . . 2,50 »

GÁLVEZ —Pedro Luis de.—

Alma de artista, enamorada de la verdad y de la
justicia, ha sacrificado todo, hasta el reposo de su
existencia á la ardiente adoración de los ideales
que profesa. Escribe como habla y habla como
piensa: con sinceridad y valentía. Su elocuen-
cia es tristemente irónica: su estilo tiene todos los
amargos dejos de la serena y desengañada con-
templación de la vida.

SUS OBRAS.

**Existencias atormentadas. Los aven-
tureros del arte**— *novela*— . . . . . 3,50 ptas.

GANIVET —Angel.—

Angel Ganivet no necesita elogios. Maravilloso espíritu de inquietud, su genio encarna el alma de
una época.

SUS OBRAS:

Granada la bella —*poema en prosa*— 2 pesetas
El escultor de su alma —*drama*— . 2 »
Hombres del Norte—*semblanzas*—. 2 »
Idearium español.. . . . . 2 »
**Los trabajos del infatigable creador
Pío Cid.**. . . . . 6 »
Cartas finlandesas. . . . . 3 »

GARCÍA —José Jesús.—

Novelista joven que ha conseguido ocupar un

puesto de honor en la literatura regional de Andalucía.

SUS OBRAS:

Quitolis —*novela*— . . . . 3 pesetas.
Tomás primero —*novela*— 5   »

GARCÍA-SANCHÍZ —Federico.—

En este joven escritor se inicia una gloriosa reacción tradicionalista en literatura. Es un grande poeta en prosa. Sus características son el campo y las ciudades viejas. En García Sanchíz reencarnan los espíritus del Marqués de Santillana y Garcilaso, y los de Diego Hurtado de Mendoza, Mateo Alemán y Salas de Barbadillo. Bajo su sintaxis, singularmente pintoresca, late un amor de primitivo á la Naturaleza.

SUS OBRAS:

Por tierra fragosa . . . . 1,50 pesetas.
Las siestas del cañaveral. . . . 1,50   »

GIL ASENSIO —Federico—

Su primer libro lleva un prólogo de Alejandro Sawa y revela condiciones de poeta, sobre todo como poeta festivo.

SUS OBRAS:

Como la vida —*colección de poesías*,
  con prólogo de Alejandro Sawa— . 1 peseta.

GODOY Y SOLA —Ramón de—

Sus poesías tienen el sello de la nueva escuela, recordando, por la variedad de metros y las innovaciones rítimicas, las de Lugones y Jaimes Freire, los dos más atrevidos revolucionarios de la juventud americana.

SUS OBRAS:

Aspiraciones —*poesías*— . . . . . . 2 pesetas.

GÓMEZ CARRILLO —Enrique.—

Es el maravilloso cronista que con su labor asidua en la Prensa y en el libro ha contribuido eficaz- mente al actual renacimiento de nuestras artes. Sus obras han sido traducidas á casi todos los idiomas.

SUS OBRAS:

Éntre encajes —*impresiones*— . . .	2 pesetas.	
Sensaciones de Rusia —*crónicas*—.	0,50	»
Almas y cerebros—*estudios críticos*	5	»
Cuentos escogidos de autores fran-		
ceses.	5	»
Idem íd. íd. castellanos.	5	»
Bohemia sentimental —*novela*— . .	3	»
La Rusia actual *(impresiones de viaje)*	5	»
Del amor, del dolor y del vicio —*no-		
vela*—	3	»
El modernismo —*estudios críticos*.	3,50	»
Alma japonesa.	5	»
Maravillas —*novela*—.	3	»
Esquises —*crónicas*—	3	»
De Marsella á Tokio.	5	»
Cómo se pasa la vida.	5	»
Psicología de la moda femenina. . .	1,50	»

GÓMEZ JAIMÉ —Alfredo.—

Este joven poeta americano acaba de engalanar la literatura con un tomo de poesías *Rimas del tró- pico*. Es un libro lleno de vigorosa sentimentali- dad, variado y rico de color. La crítica ha consa- grado al autor como uno de los más esclarecidos entre los jóvenes poetas de América.

SUS OBRAS:

Rimas del trópico —*poesías*— .. . . . 3 pesetas.

GONZÁLEZ ANAYA —Salvador.—

Poeta de gran imaginación y de un sentimiento profundo de las cosas. Cantó en estrofas impeca-

bles, de un parnasianismo excelso, toda el alma
inquieta de la juventud, colocándose al frente
de los poetas andaluces modernos. Como prosador, su novela *Rebelión* le ha dado gran fama.

SUS OBRAS:

Rebelión —*novela*— . . . . 3,50 pesetas.
Medallones —*poesías;* prólogo de
  Emilio Ferrari— 2   »
Cantos sin eco —*poesías;* prólogo
  de Manuel Reina— 2,50   »
Los alquimistas —*prosa*— 2   »

GONZÁLEZ BLANCO —Andrés.—

Es el más joven y el más certero de nuestros críticos. No es la suya labor de gacetilla y artículo
  de diario, sino seria, fundamentada, avalorada
  por una vasta cultura y una excepcional poten-
  cia psicológica para descubrir las más ocultas
  raigambres del alma contemporánea. Porque este escritor que ha compuesto la fundamental é
  imprescindible obra de *Los Contemporáneos,* es
  también un alto poeta que ama las viejas pro-
  vincias españolas, y los ojos de las muchachas
  gentiles.

SUS OBRAS:

Los contemporáneos —*Apuntes pa-*
ra una historia de la literatura
hispano-americana á principios
del siglo xx, dos tomos. . . . . . 10 pesetas.
Salvador Rueda y Rubén Darío . . . 3   »

GONZÁLEZ BLANCO —Edmundo.—

Es un renovador de ideas. La serenidad de sus
  juicios, lo sólido y macizo de su cultura, su amplia y moderna concepción de la vida, le han
  conquistado un puesto envidiable en la historia
  de la filosofía española. Sin perjuicio de la profundidad ética, sus libros están escritos en un estilo atrayente y conciso. Los actuales problemas

sociológicos, filosóficos y religiosos, le deben no pocas páginas de sabios comentarios y originales orientaciones.

SUS OBRAS:

Las iglesias del Estado —*Estudio de derecho social*— . . . . 1 pesetas.

El feminismo en las sociedades modernas, tres tomos. . . . . 2,25 »

El materialismo combatido en sus principios cosmológicos y psicológicos.. . . . . 3 »

Democracia y Clericalismo— *estudios de política aplicada*— . . . . 0,50 »

GUERRA —Angel.—

Angel Guerra es un escritor dotado de pintoresca y amena serenidad. Sus novelas son cálidos paisajes bañados de sol, figuras de un dulcísimo encanto.

SUS OBRAS:

Literatos extranjeros —*ensayos críticos*— .. . . 1 peseta.

Cariños —*novela*— .. . . 1 »

Mar afuera —*novela*— . . . . 1 »

Al jallo —edic. de *El Cuento Semanal* 0,30 »

GUTIÉRREZ NÁJERA —Manuel.—

El inmortal poeta mexicano fué el que aportó á la literatura española los elementos de modernidad. Es, sin disputa, una de las figuras literarias castellanas más salientes del siglo XIX. A su influencia más que á ninguna otra, se debe el actual renacimiento de la lírica en América. Muerto en plena juventud, su obra ha inmortalizado su nombre, y mientras se hable el castellano, el autor de *Tristísima Nox* será considerado como uno de los poetas más exquisitos, más sensitivo y más originales de los últimos tiempos.

SUS OBRAS:

Poesías completas. . . . . 12 pesetas.

HÉCTOR ABREU —Manuel.—

Novelista á la moderna, es hoy el más fiel representante de la novela regional andaluza. El alma
sevillana desfila por sus páginas, llenas de vida,
de color y de luz.

SUS OBRAS:

Aves de paso — *novela*—. . . . . .   3,50 pesetas.
Amazona —*idem*—.   3   »
El espada —*idem*—   3   »
Dominio de faldas —*idem*—   2   »
Kate y Paca —*novelerías*—.   3   »

HEREDIA —Rafael.—

Escritor incansable, vehemente y exaltado, sus
trabajos reflejan siempre la inquietud de su espíritu.

SUS OBRAS:

Á toda máquina . . . .   1,50 pesetas.

HERNÁNDEZ CATÁ —Alfonso.—

Este joven y brillante escritor, enamorado de los
asuntos galantes y dramáticos, ha publicado,
entre otros, un precioso libro de cuentos que le
da derecho á ocupar uno de los primeros puestos
en la juventud literaria española. El libro de
Hernández Catá viene á confirmar el prestigio
que sus cuentos y artículos en toda la prensa ya
le habían concedido.

SUS OBRAS:

Cuentos pasionales—. . . . .   1,50 pesetas.

HOYOS Y VINENT —Antonio de.—

La figura literaria de este joven y aristocrático escritor tiene, dentro del actual movimiento literario, una nota personalísima. Como el Padre Coloma, el autor de *Frivolidad* nos presenta el estado
actual de las más elevadas clases sociales.

Mors in vita —*novela*— . . . . 4,50 pesetas.
Frivolidad —*idem*— . . . . 3,50 »
Flor de piel —*idem*—. . . . . 3,50 »

HUERTOS —Luis G.—

Joven escritor de original estilo, y cuyas dos primeras obras nos hace esperar una madurez intelectual espléndida.

Hampa —*novela*—. . . . . 2 pesetas.
Rerum —*libro sentimental*—. . . . . 2,50 »

IGLESIA VARO —Antonio de la.—

Posee este autor dotes especiales, y su novela *Angustias Salazar* es de una factura irreprochable.

Angustias Salazar —*novela*— . . . . . 3 pesetas.

INSUA —Alberto.—

El credo literario de Insúa es el siguiente; sobriedad y ausencia de imágenes y de clasicismo en el estilo; amor por cuanto resalta y tiene belleza y emoción en la vida contemporánea, la que vive y siente el escritor. Sus crónicas en *El Liberal* y sus cuentos artículos en *Los Lunes de El Imparcial,* dan acabada muestra de su personalidad.

Don Quijote en los Alpes . . . . 3 pesetas.
En tierra de Santos —*novela*— . . . . 3 »
La vida en Madrid —*idem*— . . . . . . 3 »
Las señoritas —*novela* de *El Cuento Semanal*— . . . . 0,30 »

JIMÉNEZ —Juan R.—

Juan R. Jiménez es uno de los poetas modernos de sentimsentalidad más exquisita. Una ternura suavísima y una musicalidad llena de pura armonía, constituyen la distintiva de este brillantísimo poeta. Sus libros fueron elogiadísimos por su intensa originalidad.

SUS OBRAS:

Almas de Violeta —*poesías*—. . . 2,50 pesetas.
Ninfeas —*idem*— . . . . 5 »
Rimas —*idem*— . . . . 3 »
Jardines lejanos —*idem*— . . . . 3,50 »

LABALLE COBO —Jorge.—

Entre los prosistas modernos de América, tiene ya su puesto el Sr. Laballe Cobo con personalidad propia. Sus novelas cortas son amenas é interesantes en sumo grado.

SUS OBRAS:

Voces perdidas —*novelas cortas*—.. 4 pesetas.

LANZA —Silverio.—

Véase AMORÓS, página 15.

LARRUBIERA —Alejandro.—

Es un ameno cronista lleno de frescura y de movilidad. Entre la juventud ocupa un alto lugar.

SUS OBRAS:

Cuentos . . . . 1 peseta.
Camino del pecado —*novela contemporánea*—. . . . . 2 »
El dulce enemigo —*cuentos*—. . . . . 3 »
Fuera de combate —*novela*—. . . . . 3 »
La virgencita —*idem*— . . . . 1,50 »

LEGUA —Francisco.—

Literato y pintor á un tiempo mismo, con la pluma y el pincel rinde á la belleza el glorioso tributo del Arte. En sus producciones pictóricas y en sus trabajos de escritor impera tal naturalidad, que le acreditan una personalidad propia.

SUS OBRAS:

Horas bohemias —trabajos literarios con ilustraciones. . . . . 3 pesetas.

LEYVA —Nicolás de.—

Bajo la aparente superficialidad de un estilo jocoso y lleno de gracia, Leyva insinúa sus condiciones de un buen observador de la vida y de los tipos, en cuyas hazañas interviene el Juzgado. *Cuentos en papel de oficio* es una verdadera colección de retratos á la pluma, donde vemos á la gente maleante desarrollando sus más ó menos ingeniosas tretas para apoderarse de lo ajeno contra la voluntad de su dueño.

SUS OBRAS:

Cuentos en papel de oficio . . . . . 3 pesetas.

LÓPEZ —Luis C.—

Poeta originalísimo, amplo y exquisito, sus composiciones son muy apreciadas entre los intelectuales de América.

SUS OBRAS:

De mi villorrio —*poesías*—. . . . . . . 3 pesetas.

LÓPEZ ALARCÓN —Enrique.—

Periodista, poeta y literato, López Alarcón llegará pronto á ocupar un puesto entre los elegidos.

SUS OBRAS:

Constelaciones —*poesías*— . . . . 3 pesetas.

LÓPEZ AYDILLO —Eugenio.—

Hace su presentación este joven literato con un excelente libro, titulado *Galicia ante la Solidaridad*, en el que recoge las opiniones de las más distinguidas personalidades de aquella región y nos presenta magníficas descripciones de la costa gallega.

SUS OBRAS:

Galicia ante la Solidaridad. . . . .   1,50 pesetas.

———

LÓPEZ BALLESTEROS —Luis.—

Conocido y considerado como uno de los periodistas de más brillante historia, es un sutil observador y un psicólogo consumado. En su novela *La cueva de los buhos* presenta toda la inquietud y complejidad del alma contemporánea.

SUS OBRAS:

Lucha extraña —*novela*— . . . . . .   2 pesetas.
La cueva de los buhos —*idem*— . .   3   »

———

LÓPEZ DE HARO —Rafael.—

Es un novelista con cuya prosa, castiza y viril, vibra el alma de quien sabe ver pensar y sentir. Las novelas de López de Haro, son de un realismo admirablemente interpretado. En ellas palpitan escenas de la vida, tomadas del natural con notable verismo y riqueza de observaciones, en las que resplandece un estilo genial y propio. Como poeta, es el cantor de las pasiones y de las tormentas.

SUS OBRAS:

En un lugar de la Mancha...—*novela*   2 pesetas.
Dominadoras —*idem*—.   3   »
El salto de la novia —*idem*—   3   »

———

LÓPEZ ROBERTS—Mauricio.—

Entre los mejores novelistas jóvenes se ha conquistado un puesto de honor. Posee un estilo lleno de luz y de vida, y le distingue una observación profunda y exaca de lascosas humaas.

SUS OBRAS:

Las infanzonas —*novela*—	3 pesetas.
La novela de Lino Arnáiz —*idem*— .	3,50 »
El porvenir de Paco Tudela —*id.*	3 »
Las de García Triz.— La cantora.—	
La familia de Hita —*novelas*—. . .	2 »
Doña Martirio.	2 »
El Wagón de Tespis —*novela*— . . .	1 »
Noche de Animas —*idem*—	1 »
Las tres Reinas —*novela* de *El Cuento Semanal*—	0,30 »

LLANAS AGUILANIEDO —J. M.—

Es uno de los espiritus más serios y estudiosos de nuestra juventud. Su nota saliente es la observación aguda y extensa.

SUS OBRAS:

Alma contemporánea —*estudios*— .	4 pesetas.
Del jardín del Amor —*novela*—. . .	3 »
La mala vida en Madrid —*estudios* .	4 »
Navegar pintoresco —*novela*—. . .	3 »
Pityusa —*idem*—.	3,50 »

LLANOS —Américo— *(A Vasseur)*.

En los versos de este poeta vibra una poderosa emoción de vida pasional y ardiente.

SUS OBRAS:

A flor de alma —*pcesías*—	3 pesetas.

MACHADO —Antonio.—

El más hondo, el más delicado de nuestros poetas de hoy. Es también el más consciente y sabio de *gay saber*. Su personalidad es tan intensa que pasa por encima de toda modalidad de época y de escuela. Nada tiene que ver con las demás. Es único y completamente aparte.

SUS OBRAS:

Soledades.—Galerías.—Otros poemas —*poesías*— . . . .   3 pesetas.

MACHADO —Manuel.—

Es el poeta elegante cuyas estrofas producen honda sensación artística. En unas se percibe lo más delicado de los poetas modernos franceses. En otras late el alma desgarradora de los cantares gitanos y de las tristezas moriscas. Las hay que recuerdan la precisión y sobriedad de nuestros clásicos del siglo de oro. La poesía de Machado pasará á la posteridad como un modelo de colorismo y elegancia.

SUS OBRAS:

Alma.—Museo.—Los cantares.—*poesías*— 2.ª edición. . . . .   3 pesetas.
Caprichos —*idem*—   3   »
La Fiesta Nacional —*poema*— . . .   0,75 »

MARQUÉS DE CAMPO.

Ha conseguido un título muy estimable con su obra *Alma glauca,* en la que campea un espíritu inquieto y lleno de movilidad.

SUS OBRAS:

Cantares . . . .   2 pesetas.
Alma glauca   2   »
Estampas —*poesías*—.   2   »

MARQUINA —Eduardo.—

Es un poeta y prosista de robustísima vena, que ha producido libros admirables, entre los mejores de nuestra juventud.

SUS OBRAS:

Elegías —*versos*—	2 pesetas.
Las vendimias —*idem*—	3 »
Eglogas —*idem*—.	0,75 »
El pastor —*poema dramático*— . . .	2,50 »
La caravana —*cuento* de *El Cuento Semanal*—	0,30 »

MARTÍNEZ RUIZ —José— *(Azorín).*

Azorín es un caso excepcional en nuestra literatura, y sin disputa uno de los temperamentos más originales de la misma. Su prosa castiza nos recuerda la de nuestros grandes hablistas del siglo de oro. El ño sirve vino nuevo en odres viejos. Montaigne y Gracián son sus ídolos.

SUS OBRAS:

Antonio Azorín —*novela*—	2 pesetas.
Los pueblos —*impresiones*—	3,50 »
Los hidalgos	1,50 »
Alma castellana —*estudio*—	3 »
La evolución de la Crítica.	1 »
La ruta de Don Quijote.	3,50 »
La voluntad —*novela*—.	3 »
Las confesiones de un pequeño filósofo.	2 »
Diario de un enfermo.	2 »
El político perfecto	3 »

MARTÍNEZ SIERRA —Gregorio.—

Su labor es tan fecunda como estimable. En poco más de ocho años ha publicado cerca de una docena de libros: cuentos, novelas, crítica, poesías, teatro, impresiones de viaje, etc., etc.

SUS OBRAS:

Motivos —*impresiones*—. . . . . . . 5 pesetas.
Teatro de ensueño 4   »
La tristeza del Quijote —dibujos de
Ricardo Marín— 2   »
Sol de la tarde —*novela*—. . . . . . 3,50 »
Hamlet y el cuerpo de Sarah Ber-
nard —dibujos de Ricardo Marín. . 2   »
Almas ausentes —*novela*—. . . . . . 0,75 »
Horas de Sol —*idem*—. . . . . 0,50 »
Pascua Florida —*idem*—. 2   »
Diálogos fantásticos 2   »
La feria de Neuilly —ilustración de
Gosse. 4   »
Aldea ilusoria —ilustración de Luara
Albeniz. 4   »
La casa de la Primavera—*poesías*— 3,50 »

MATA —Pedro.—

Se reveló este escritor obteniendo el primer premio
del concurso de novelas de la casa Henrich, de
Barcelona. También ha estrenado con éxito en el
teatro.

SUS OBRAS:

Ganarás el pan...—*novela*—. . . . . 3 pesetas.
Ni amor ni Arte —*novela* de *El Cuen-*
to Semanal—. . . . . 0,30 »

MEDINA —Vicente.—

Uno solo de sus libros, *Aires murcianos*, bastó para
consagrarle. Es el poeta popular por excelencia.
Toda el alma de la España levantina, alma ára-
be, ardiente, impetuosa, fatalista, palpita en sus
estrofas. *Cansera* y *Murria*, y *La canción triste*,
son verdaderas joyas de nuestra lírica.

SUS OBRAS:

Aires murcianos —*primera serie*—. 1 peseta.
Aires murcianos —*poesías*— . . . . 0,75 »
La canción de la vida—*idem*— . . . 2   »

La canción de la muerte—*prosas*—. 2 pesetas.
La canción de la huerta—*poesías*—. 4 »
Alma del pueblo—*versos*—. . . . . . 1 »
El rento —*novela*—. . . . . 2 »

MESA —Enrique.—

Poeta y prosista, sus libros son delicioso vergel de amena y frondosa poesía.

SUS OBRAS

Flor pagana—*prosas poéticas*—. . . . 3 pesetas.
Tierra y Alma —*poesías*—. . . . . . . 2 »

MIRANDA —César.—

Entre los modernos poetas americanos, César Miranda ocupa con justicia un lugar preferente. Sus composiciones originalísimas y variadas son de una factura irreprochable.

SUS OBRAS:

Las leyendas del alma —*poesías*—.. 3 pesetas.

MIRÓ —Gabriel.—

Es un escritor lleno de potentísima médula, que en páginas de un riquísimo léxico ofrece cuadros de intensidad goyesca.

SUS OBRAS:

Hilván de escenas—*novela*—. . . . 3 pesetas.
La mujer de Ojeda —*idem*— . . . . 3 »
Del vivir —*idem*—. . . . . 3 »

MOROTE —Luis.—

Es una de las glorias de la Prensa española. Su labor de información y vulgarización no tiene semejante. Ha recorrido toda Europa y parte de

América, y todas sus impresiones de viajes son modelos de este género de literatura.

SUS OBRAS:

La moral de la derrota.	5 pesetas.
El pulso de España —*Confesiones políticas*—.	4 »
Pasados por agua —*artículos*—.	1 »
Teatro y novela	4 »
La Duma	1 »
Los frailes en España	2 »
Rebaño de almas.	1 »

MUÑOZ —Isaac.—

Isaac Muñoz es un genial espíritu de la nueva generación, Las críticas italiana y francesa le han consagrado. Recientemente, el ilustre hispanófilo Luigi Zuccaro, en su admirable obra *Ibeira Literaria*, le coloca al nivel de los más gloriosos maestros. Su prosa es única, y su pensamiento lleno de universalidad, recoge todos los latidos del alma humana.

SUS OBRAS:

Vida —*novela*—	1 peseta.
Voluptuosidad —*idem*—	3 »
Alma infanzona —*idem*—.	3 »
El libro de las Victorias. —Diálogos sobre las cosas y sobre el más allá de las cosas—	3 »
Gitana —*novela*—.	3 »

NAVARRO LEDESMA —Francisco.—

Como su amigo Ganivet, el autor de la *Vida del ingenioso hidalgo Don Miguel de Cervantes,* ha sido maestro de la generación actual y uno de los primeros pensadores modernos. Su muerte ha hecho vestir de luto á las letras españolas. Era un trabajador infatigable, y á pesar de ello, ha dejado poca labor. El diario ajetreo periodístico consumió su prodigiosa actividad.

SUS OBRAS:

Sucesos de la vida del ingenioso hidalgo Miguel de Cervantes Saavedra . . . . 5 pesetas.
En un lugar de la Mancha *cuentos* . 1 »

NERVO —Amado.—

Este poeta ha ocupado por derecho propio la vacante que en la lírica mexicana dejó aquel espíritu admirable que se llamó Gutiérrez Nájera, con el cual tiene bastantes puntos de contacto. Su poesía, como la del inmortal autor de *La serenata Schuber*, es recogida, humilde, sencilla, impregnada de un suave pesimismo. A veces recuerda también á los graves ó ingenuos místicos holandeses.

SUS OBRAS:

Poemas . . . . 5 pesetas.
Perlas negras —*poesías*— . . . . . 5 »
Almas que pasan—*Ultimas prosas*— 3,50 »
Otras vidas —*novelas cortas con ilustraciones*—. . . . . 3,50 »
En voz baja—*poesías*— . . . . 3,50 »
Un sueño —*novela* de *El Cuento Semanal*—. . . . . 0,30 »

NOGALES —José.—

Prosador castizo, se dió á conocer en el concurso de *El Liberal* con un célebre cuento «Las tres cosas del tío Juan».

SUS OBRAS:

Mariquita León—*novela*— . . . . . . 1 peseta.
El último patriota —*idem*—. . . . . 1 »

OLIVER —Federico.—

Es uno de los dramaturgos nuevos notables. Su último libro de cuentos es también verdaderamente interesante.

SUS OBRAS:

El pobre violín —*cuentos*—. . . . . . 3 pesetas.
La muralla —*drama*—. . . . . 2 »
La Juerga —*idem*— . . . . 2 »
La Neña —*idem*— . . . . 2 »

OLMET —Fernando Antón del.—

Decir la verdad ha sido siempre una valiente y hermosa virtud del escritor; pero decirla describiendo las escenas de la vida en su viciosa desnudez, con noble frase y alto pensar, es don que solo poseen los literatos dignos de este nombre. En la obra *Queralt, hombre de mundo,* sale á la superficie todo el fondo de negruras y prostituciones que mañosamente encubren las áureas exterioridades de la vida aristocrática y elegante.

SUS OBRAS:

Queralt, hombre de mundo —*novela* 5 pesetas.

ORTÍZ DE PINEDO —José.—

Un verdadero temperamento de poeta de sensibilidad exquisita y un sabio manejo de la rima y el ritmo. *Dolorosas* es su obra definitiva.

SUS OBRAS:

Dolorosas —*poesías*— . . . . 2 pesetas.
Poemas breves . . . . 2 »
Huerto humilde —*poesías*—. . . . . 3 »

ORTS RAMOS —Tomás.—

Es uno de los que en España han seguido con más fervor la escuela d'annunzziana. Su nota característica es cierta melancolía de la carne, que recuerda aquella otra que entristece las páginas maravillosas de *El triunfo de la muerte* y de *El Fuego*, obras que Orts Ramos ha traducido á nuestro idioma.

SUS OBRAS:

Eróticos y sentimentales, con un prólogo de Gómez Carrillo. . . . . . 1 peseta.
La alegría de amar —*novela*— . . . 1 »

ORY —Eduardo de.—

La labor de este laureado poeta ha merecido los entusiastas elogios de los más eminentes maestros de la literatura, entre ellos de D. Juan Valera y Manuel Reina. Fernández Grilo, el egregio cantor de las *Ermitas de Córdoba*, dijo que los versos de Ory tienen la luz del cielo de Andalucía y el perfume de aquellos patios; y Juan de Dios Peza escribió que admiraba al poeta gaditano por su alto numen y su imaginación brillantísima.

SUS OBRAS:

Aires de Andalucía —*poesías*— . . . 2 pesetas.
Laureles Rosas —*idem*—. . . . . . 1,50 »
El Pájaro Azul —*idem*— . . . . . . 1,50 »
La Primavera Canta —*idem*— . . . 1,50 »
Mariposas de Oro —*idem*— . . . . 1,50 »

OTEIZA —Luis de.—

Sus libros *Brumas* y *Flores de Almendro* le han colocado en lugar distinguido entre los poetas modernos.

SUS OBRAS:

Brumas —*poesías*— . . . . 2 pesetas.

PAGANO —José León.—

El distinguido escritor argentino ha conseguido en pocos años una reputación respetable como crítico y dramaturgo. Sus impresiones de España, que publicó en italiano en la *Ressegna Internazionale*, de Florencia, son exactas, á pesar de circunscribirse á un número determinado de escritores.

SUS OBRAS:

A través de la España literaria —dos
tomos . . . .   4 pesetas.
Más allá de la vida —*drama en tres*
actos—.   2   »
El Parnaso argentino.   2   »
Nirvana —*comedia*—   1   »

PALOMERO —Antonio.—

Poeta ingenioso que ha hecho popular el pseudónimo de *Gil Parrado*. Es también cronista ameno y brillante.

SUS OBRAS:

Cancionero de Gil Parrado –*versos*–   2 pesetas.
Coplas de Gil Parrado —*poesías*— .   3,50 »
Su majestad el hombre —*críticas*—   1   »
Mi bastón y otras cosas por el esti-
lo —*prosas*— . . . .   2,50 »
Don Claudio —*novela* de *El Cuento*
Semanal— . . . .   0,30 »

PAMPLONA ESCUDERO —Rafael.—

Las novelas de este autor tienen un carácter original y propio. Algunas de ellas lograron el premio en certámenes literarios. Su estilo vibrante y correcto y sus narraciones amables y encantadoras le han proporcionado un distinguido puesto entre la falange de los nuevos luchadores.

SUS OBRAS:

Cuartel de inválidos —*novela*— . . .   3 pesetas.

La tierra prometida —*novela*— . . . 1 peseta.
Engracia —*idem*— . . . . 1 »
Juego de Damas —*idem*— . . . . . . 3 »

PARDO —Miguel Eduardo.—

La muerte ha tronchado en flor una de las más bellas esperanzas de la literatura hispano-americana. Su obra flotará sobre el olvido, como una de las más intensas, de las más humanas, de las más rebeldes de nuestros días.

SUS OBRAS:

Todo un pueblo —*novela*— . . 3,50 pesetas.

PASO —Manuel.—

Fué uno de los poetas más eminentes de la generación anterior. Sus poesías están impregnadas de un intenso perfume de melancolía. *Nieblas* es un libro que, como las *Rimas* de Becquer, resistirá al tiempo y al olvido.

SUS OBRAS:

Poesías. . . . . 0,25 pesetas.
Nieblas —*versos*—. . . . . 3,50 »
La Cortijera —*comedia*—. . . . . 2 »
Curro Vargas —*drama* en colaboración con Dicenta—. . . . . . 2 »
El Duque de Gandía —*drama* en colaboración con Dicenta— . . . 2 »

PÉREZ —Dionisio.—

Periodista infatigable y castizo, novelista interesante y cronista ameno, es uno de los escritores que más trabajan por la elevación intelectual de España.

SUS OBRAS:

La Dolorosa —*novela*— . . . . . . 1 peseta.

La Juncalera —*idem*—. . . . . 3 pesetas.
Jesús —*idem*— . . . . 1 »
Picardías clásicas. . . . . 1,50 »
Las Cortes de Cádiz. . . . . 10 »
La Cubanita . . . . 0,50 »

PÉREZ Y CURIS —M.—

Escritor y periodista americano, ocupa su puesto
entre los modernos literatos. Las letras castellanas tienen en Pérez y Curis un campeón denoda-
do é incansable.

SUS OBRAS:

Heliótropos —*poesías*— . . . . 3 pesetas.
Rosa ignea —*prosas*—. . . . . 2 »

PÉREZ ZÚÑIGA —Juan.—

Entre los autores festivos, Pérez Zúñiga ocupa distinguido lugar. Sus libros, llenos de ingenio, de
gracia y de sal, son saboreados por el gran público con verdadero deleite.

SUS OBRAS:

Cocina cómica . . . . 2 pesetas.
Viajes morrocotudos — 4 tomos—. . 8 »
Camelario Zaragatono . . . . 2 »
Amantes célebres. . . . . 2 »
Tipos raros . . . . 1 »
Doña Tecla en Pomotú. . . . . . . 2 »
Sin piés ni cabeza . . . . 1 »
Villapelona de Abajo . . . . 0,75 »
Seis dias fuera del mundo. . . . . . 2 »
Coplas de sacristía. . . . . 1 »
Buen humor. . . . . 2 »
La soledad del campo —*novela* de
El Cuento Semanal— . . . . 0,30 »

PUJOL —Juan.—

Poeta elegante, se destaca entre los jóvenes por su estilo, frescura y brillantez. Su libro está lleno de preciosos matices.

SUS OBRAS:

Ofrenda á Astartea —*poesías*—. . . 2 pesetas.

QUILIS PASTOR —José.—

La primera obra de este joven revela grandes condiciones de observación.

SUS OBRAS

Alborada —*novela manchega*— . 1,50 pesetas.

RAMIREZ ANGEL —Emiliano.—

Es uno de los más intensos y emocionadores novelistas de la nueva generación. En él ha encarnado el espíritu burlón y sentimental de Eça de Queiroz y por ello en sus novelas, á contra página de una amargura que se hizo llanto, triunfa la sonora carcajada ó pasa la suave niebla de la ironía. Ninguno como él ha cantado y dignificado el alma de Madrid, alma arlequín estropeada por chulerías y falsos romanticismos. Su estilo es sencillo y por milagro de poesia, de una pulcra y chispeante belleza de oro nuevo.

SUS OBRAS:

La Tirana —*novela* premiada en el
concurso de La Novela Ilustrada—.   1 pesetas.
De corazón en corazón —*novela* de
El Cuento Semanal — . . . . . .   0,30 »
Madrid sentimental —*prosas*—. . .   1,50 »
Los Ignorados —*novela*— 2   »

REINA —Manuel.—

El gran poeta, el inmortal cantor de Byron y de Andalucía, es una de las más brillantes glorias

de la poesía castellana. Su poesía correcta, impecable, pero llena de luz y de color, nos evoca
aquellas divinas estatuas que los griegos pinta-
ban y que adornaban los pórticos de los templos
y de las grandes plazas. Dentro del actual movimiento literario, su personalidad hace pensar en
la de Leconte d'Isle, annque menos rígido é im-
personal que el cantor del *Mediodía*. Su muerte
aun en plena florescencia á dejado un vacío in-
menso en nuestro Parnaso.

SUS OBRAS:

Cromos y acuarelas —*poesías*— . . 3 pesetas.
La canción de las estrellas —*poema* 1   »
Poemas paganos —*idem*—agotado.. 1   »
Andantes y allegros —*poesías*—. . . 2   »
Rayo de Sol —*poema*—. 1   »
El jardín de los poetas —*poesías*—.. 2   »
La vida inquieta —*idem*— 3   »
Robles de la selva sagrada —*idem* . 2   »

RÉPIDE — Pedro de.—

Es un gran poeta castellano, admirable sucesor de
los clásicos españoles. Escritor intenso y exquisito, pasan la vida y las pasiones por su estilo so-
berano, con tanta emoción como cuando evoca
el alma de las viejas cosas. Sus crónicas de *El
Liberal* le proporcionan brillantes triunfos.

SUS OBRAS:

Las canciones —*poesías*— . . . . . 3 pesetas.
Libertad —*poema*— 1   »
Las Canciones de la sombra 3   »
Rimas galantes —*poesías*—. 3   »
**La enamorada indiscreta.—El agua
en cestillo.—No hay fuerza contra
el amor** —tres *novelas* en un tomo. 3   »
Del Castro á Maravillas —*novela* de
El Cuento Semanal. . . . . 0,30 »
El Madrid de los abuelos. 2   »

RETANA — Wenceslao.—

Uno de los mayores éxitos de estos últimos años lo
alcanzó su novela *La tristeza errante,* de la cual
van agotadas ya varias ediciones. Retana es un
psicólogo feminista de primer orden. En este libro se siente palpitar toda la inquietud y toda la
amargura de la vida elegante.

SUS OBRAS:

Aguas fuertes —*obra drámatica en
tres actos*— . . . . 2 pesetas.
La tristeza errante —*novela*— . . . 4 »
Vida y escritos del Dr. José Rizal. . 12 »

REYES —Arturo—

Así como Pereda nos describió la vida montañesa,
Arturo Reyes nos da en sus novelas y en sus
cuentos el ambiente social de Málaga. Poeta inspirado, nos ha cantado también las intimidades
de su alma, en dos bellos libros de poesias.

SUS OBRAS:

Cartucherita —*novela andaluza*—. . 3 pesetas.
Otoñales —*poesías*—. . . . . 3 »
Desde el surco —*idem*—. . . . . . 3 »
Intimas —*idem*—. . . . . 3 »
El Lagar de la Viñuela —*novela an-
daluza*—. . . . . 3 »
La goletera —*novela*—. . . . . . . 3 »
Del bulto á la coracha —*cuentos*— . 3 »
Cuentos andaluces . . . . 0,75 »
Cosas de mi tierra —*cuentos*—. . . 0,75 »
La moruchita —*novela* de *El Cuen-
to Semanal*— . . . . 0,30 »

RIVAS —José Pablo.

Poeta americano, sentimental y delicado.

SUS OBRAS:

**La ranchera del Jamapa.— Historia
de Amor Veracruzana** —*poema*—. 1 peseta.

RÓDENAS —Miguel A.—

Es un escritor sereno, que canta la vida en páginas horacianas.

SUS OBRAS:

Tierras de paz —*prosas*— . . . . . 3 pesetas.
Romeros del dolor —*novela*—. . . . 1,50 »

RODRÍGUEZ ALCALÁ —José M.ª—

Este joven literato se presenta á la palestra con
una bonita novela. Su título es un verdadero
símbolo para cuantos luchan por alcanzar la
gloria.

SUS OBRAS:

Camino de Abrojos —*novela*— . . . 3 pesetas.

ROSADO VEGA —Luis.—

Rosado Vega es un poeta de alma apasionada y
sincera, cuyas composiciones pertenecen á un
modernismo lleno de vigor y de vida, donde la
originalidad jamás incurre en los defectos de
lo artificioso, lo amanerado y extravagante. Por
eso, sus obras se imponen, y la opinión no le re-
gatea los más merecidos elogios.

SUS OBRAS:

Sensaciones —*poesías*—. . . . . . . 3 pesetas.
**Alma y sangre.— Las peregrinacio-
nes.—Del amor y del ensueño.—
Otras visiones y otras ansias.—
Los poemas** —*poesías*— . . . . . 6 »
Libro de ensueño y de dolor —*poe-
sías*—. . . . . 5 »

RUEDA —Salvador.—

Ha sido el precursor del modernismo. Su nombre pasará á la posteridad como uno de los más gloriosos del siglo xx. Colorista admirable, su prosa y sus versos son dignos de Teófilo Gautier. La tierra española no ha tenido nunca un exaltador semejante.

SUS OBRAS:

Cantos de la vendimia —*poema*— . .	3,50	ptas.
En la vendimia.	0,25	»
Fuente de salud —*poesías*—	3	»
Bajo la parra —*prosa y verso*— . . .	3	»
La gitana. Idilio en la Sierra —*novela andaluza*—	1	»
El cielo alegre. Escenas y tipos andaluces —*prosa*—	3	»
Sinfonía callejera — *cuentos y cuadros en prosa y verso*—.	2	»
El secreto —*poema escénico*— . . .	2	»
Fornos —*poema en seis cantos*— . .	1	»
Flora —*poema religioso en siete cantos*—.	1	»
El César —*poema*—	2	»
El gusano de luz —*novela*—	0,50	»
Sinfonía del año —*poema*—.	1	»
Camafeos —*idem*—	1	»
En tropel —*cantos españoles*— . . .	2	»
Tanda de valses-*artículos en prosa*	3,50	»
Granada y Sevilla	1	»
Piedras preciosas —*cien sonetos*—.	0,50	»
El país del Sol (España) —*poesías*—	2	»
El patio andaluz —*cuadros de costumbres*—.	2	»
Trompetas de órgano —*poesías*—. .	2	»
La Cópula —*novela*— 2.ª edición. . .	3	»
Lenguas de fuego —*poesías*—. . . .	2	»
La guitarra —*novela* de *El Cuento Semanal.*	0,30	»

RUIZ CONTRERAS —Luis.—

Culto é infatigable vulgarizador del arte moderno. Notable crítico y dramaturgo. Publicó algunas obras con el pseudónimo de *Palmerín de Oliva*.

SUS OBRAS:

Desde la platea —*divagaciones y críticas*—	1,50 ptas.
Dramaturgia castellana — *estudio sintético*—.	2,50 »
El Pedestal —*poema en tres jornadas*—	2 »
Los Vencidos. La señora Baronesa —*semiteatro*—.	2 »
Historias crueles	1 »
Mis jesuítas	1 »

RUSIÑOL —Santiago.—

Es un delicado espíritu que con suprema y humorística genialidad ha dejado en libros admirables las perfumadas melancolías de su corazón.

SUS OBRAS:

El prestidigitador —*monólogo*— . .	1 peseta.
Desde el Molino —*impresiones de arte*—.	5 »
El pueblo gris —*narraciones*— . . .	3,50 »
El patio azul —*comedia*—.	2 »
El Héroe —*drama antimilitarista*—	2 »
Pájaros de barro	5 »
Anam pelt mond	3 »
El místico —*drama*—	3 »
Libertad —*comedia*— Traducción de J. Benavente.	2 »
Buena gente —*drama*— Traducción de G. Martínez Sierra	3,50 »
La alegría que pasa —*cuadro lírico*— Traducción de Vital Aza. . .	1 »

La fea —*drama.*—**El buen policía**
—*comedia.*—en un tomo. . . . . . . 5 pesetas.
Buena gente —*comedia.*—**El enfermo crónico** —*comedia.*—en un
tomo. . . . . 5 »
La madre —*drama.*—**Cigarras y
hormigas** —*comedia* —en un tomo. 3,50 »
El enfermo crónico —*comedia*—.
Traducción de Martínez Sierra . . 1 »
Vida y dulzura —*drama*— en colaboración con Martínez sierra. . . . . 2 »

SAID ARMESTO —Victor.—

Dotado de una cultura positivamente excepcional,
de la que dió relevantes muestras al obtener en
reñida lucha la cátedra de Literatura, que hoy
desempeña en el Instituto de León, el Sr. Armes-
to ha publicado varios trabajos en los que la
crítica ensalza el valor de su contenido y las maravillas de la forma. Su obra *La Leyenda de Don
Juan* basta para reputar una firma.

SUS OBRAS:

La Leyenda de D. Juan —*orígenes
poéticos del burlador de Sevilla y
convidado de piedra*— . . . . . . 4 pesetas.

SALAVERRIA —José M.ª—

Literato de la buena cepa, se presenta á la lucha
con suficiente talento para llegar á grandes alturas.

SUS OBRAS:

Vieja España —*Impresión de Casti-
lla;* prólogo de Pérez Galdós. . . . 2,50 ptas.
El Literato —*novela* de *El Cuento
Semanal*—. . . . . 0,30 »

SALAZAR —Rodolfo de.—

El alma romántica del gran Gustavo, Adoldo Becquer parece palpitar en sus hermosas composiciones.

SUS OBRAS:

Remediets y Frasquiteta	0,50 ptas.
Risas y lágrimas	0,50 »
Ecos del alma —*poesías*—	2 »

SÁNCHEZ RODRÍGUEZ —José.—

Es de los poetas que mejor han interpretado el alma
andaluza. Así lo reconocen los maestros Villaespesa y Juan R. Jiménez en el prólogo y epílogo
que respectivamente escribieron en uno de los
libros de este autor.

SUS OBRAS:

Alma andaluza —*poesías*—	2 pesetas.
Canciones de la tarde —*idem*—. . .	2 »
Copos de nieve —*poema dramático*.	1 »

SASSONE —Felipe.—

Es el más español de los escritores hispano-ameri-
canos, á pesar de sus reminiscencias de Zola, de
Maupassant y de Eça de Queiroz; tiene la crudeza
atrevida del primero, la fría observación y la
sobriedad del segundo y el gesto irónico del grIn
maestro portugués. La crítica le ha saludado con
su aplauso, viendo en su joven ingenio algo más
que una esperanza.

SUS OBRAS:

Malos amores —*novela*—.	1 pesetas.
Almas de fuego —*novelas cortas*—.	3 »
De mi cariño —*prosas íntimas*—. .	1 »

SAWA —Alejandro.—

Fué uno de los precursores de la orientación actual de la novela castellana. Es un maestro de la prosa. La crítica francesa lo consagró en París

SUS OBRAS:

Criadero de curas —*prosas de combate*—.	1	pesetas.
La mujer de todo el mundo—*novela*.	1	»
Declaración de un vencido—*idem*—	3	»
Crimen legal.	3	»
Noche —*novela*—	3	»
La sima de Iguzquiza.	1	»
Historia de una reina —*novela* de *El Cuento Semanal*—	0,30	»

SAWA —Miguel.—

Es uno de los más notables cronistas de la nueva generación. Sus cuentos recuerdan la gracia escabrosa y picante de Catule Mendes.

SUS OBRAS:

Ave femina —*cuentos*—.	2	pesetas.
Safo —*comedia*, arreglo de la obra de Daudet—	2	»
La muñeca —*novela* de *El Cuento Semanal*—.	0,30	»

SHERIF —Leonardo.—

Toda la gracia picaresca de nuestros primitivos unida á un sentido verdadero del arte moderno, resplandece en los versos de este joven poeta, del cual puede decirse sin exageración que empieza por donde otros muchos quisieran acabar.

SUS OBRAS:

Versos de Abril —*poesías*—.	2	pesetas.

SILES —José de.—

Sus obras tienen el calor de una inspiración siempre fresca y vigorosa y siempre joven. Las páginas de Siles están escritas con el corazón, y en
ellas, revélase un conocimiento profundo del
alma humana. En muchos personajes de estos
trabajos se refleja la propia personalidad del autor, siempre enamorado de todo lo bueno y lo
bello.

SUS OBRAS:

La novia de Luzbel —*cuentos*—. . .	1	pesetas.
La casa de la alegría —*cuentos*—. .	1	»
El lobo y la oveja —*cuentos*—. . . .	1	»
El drama del Calvario —*leyendas místicas*.	1	»
Boda buena y boda mala —*novela*—.	1	»
Los fantasmas del mundo—*poesías*—	1	›
El cincel y la papeleta —*notas de arte*—.	1	»
Acuarelas del redondel —*narracio-nes taurinas y chulescas*—	1	»
Cielos y abismos —*cuadros de la naturaleza*—.	1	»
Memorias de un patriota —*relatos de guerra*—	1	"
El diario de un poeta —*poesías*—. .	1	›
La estatua de nieve —*novela*—. . .	1	»
La copa de veneno —*cuentos*—. . .	1	»
El paraiso de los pobres —*cuentos*—	1	»
La hija del fango —*novela*—	1	»
Historias de amor —*cuentos*— . . .	1	»
El asesino de Lázara —*idem*—. . .	1	»
El Carnaval eterno —*sátiras*—. . .	1	»
La Musa Retozona—*poesías festivas*	1	»
La pícara Cornelia —*novela*— . . .	1	»
La niña del fraile —*idem*—.	1	»
Certamen de flores —*comedia* en un acto, verso, para representar en co-legios de señoritas—.	1	»

El demonio moderno —*comedia* en
un acto, verso— . . . . 1 peseta.

SORIANO —Rodrigo.—

El escritor no es más que un reflejo del hombre de
acción, del político apasionado, del último romántico de nuestra política. Nervioso, inquieto,
vibrante, mordaz, derrochando á veces gracejo
y esgrimiendo en otras los más terribles anatemas, la personalidad de Soriano es inconfundi-
ble también en literatura.

SUS OBRAS:

Moros y cristianos —*notas de viajes
por el Norte de Africa*— . . . . . 4 pesetas.
Las flores rojas —*artículos*—. . . . 1   »
El triunfo de D. Carlos —*fantasías
caprichosas*— 1   »
Por esos mundos... . . . . 0,50 »
La entrada de Nozaleda —*artículos*. 1   »

SUAREZ DE PUGA —Antonio.—

Este joven literato nos muestra en su novela *Pan
de centeno,* la complicada psicología del alma
gallega.

SUS OBRAS:

Pan de centeno —*novela*— . . . . . 2 pesetas.

SUBIRÁ —José.—

José Subirá en muy poco tiempo, ha couquistado un
puesto relevante dentro de la crítica musical española, por sus sólidos conocimientos de la téc-
nica y su dominio de la forma literaria, como lo
prueban los numerosos artículos publicados en
las mejores Revistas.

SUS OBRAS:

El primero, amar... —*novela*—. . . 3 pesetas.
**Los gran des músicos: Bach, Beetho-
venn, Wagner.** . . . . 1,50 »

TRIGO —Felipe.—

El autor de *Las Ingenuas* ha sabido hacerse en muy poco tiempo un nombre envidiable en la novela contemporánea. El se revuelve contra el *mysoginismo* tradicional de nuestra literatura, haciendo de la mujer el único culto de su vida y de su arte. *La sed de amar* ha sido reputada por la crítica extranjera como una obra de arte solidísimo, cuyo par sólo puede encontrarse entre las más famosas.

SUS OBRAS:

Las ingenuas —*novela*, dos tomos . . 7 pesetas.
La sed de amar —*idem*—. . . . . . 3,50 »
Socialismo individualista . . . . . 3 »
Alma en los labios —*novela*—. . . . 3,50 »
Del frío al fuego —*idem*— . . . . . 3,50 »
La Altísima —*idem*—. . . . . 3,50 »
El amor en la vida y en los libros. . 3 »
El Barón de Lavòs —*novela de Abel Botelho*—traducida del portugués, dos tomos—. . . . . 6 »
La bruta —*novela*—. . . . . 3,50 »
La de los ojos color de uva—*novela*— 3,50 »
Reveladoras —*novela* de *El Cuento Semanal*—. . . . . 0,30 »

UGARTE —Manuel.—

Una de las más poderosas inteligencias de la juventud americana. Su obra es de lo más fecundo de lo más pródigo en pensamientos, y repleta de idealidades, de fantasías, escrita en una prosa ligera y fácil, que recuerda á los grandes maestros franceses.

SUS OBRAS:

Una tarde de Otoño	3,50	ptas.
El Arte y la Democracia	1	»
Mujeres de París	0,50	»
Paisajes parisienses	3,50	»
La novela de las horas y los días	3,50	»
Cuentos de la pampa	0,75	»
Visiones de España	1	»
Vendimias juveniles	5	»
La joven literatura hispano-americana	5	»
Crónicas del Bulevar	3,50	»
La Leyenda del Gaucho — *novela* de *El Cuento Semanal*—	0,30	»

UNAMUNO —Miguel de.—

El pensamiento moderno tiene en la personalidad del sabio catedrático de la Universidad de Salamanca su más glorioso representante en España. Dotado de gran cultura y de un poderoso genio original se eleva sobre todas las preocupaciones de época afirmando notablemente su personalidad.

SUS OBRAS:

Amor y pedagogía —*novela*—	3,50	ptas.
Paz en la guerra —*idem*—	4	»
Tres ensayos.—¡Adentro!—La ideocracia.—La fe	1	»
Paisajes	0,75	»
En torno del casticismo	2	»
De mi país.—*Descripciones, relatos y artículos de costumbres*—	3	»

Vida de Don Quijote y Sancho según
  Miguel de Cervantes Saavedra . . 4 pesetas.
Poesías 3   »

URBANO —Rafael.—

Es un espíritu complejo que bajo la sombra inmensa del genial Nietzsche realiza una labor honda y llena de jugosa vitalidad.

SUS OBRAS:

Tristitie seculæ —*novela*—. . . . . 0,50 ptas.
El sello de Salomón —*obra teosófica* 2   »

VAAMONDE —Emilio F.—

Aún se recuerda, como uno de los acontecimientos literarios más ruidosos de la última década del pasado siglo, la aparición de *Mujeres y Diálogos*, dos libros originalísimos, escultóricos, impregnados de un perfume pagano que son la verdadera ejecutoria de un artista.

SUS OBRAS:

Diálogos —*poesías*— . . . . 2 pesetas.
Después del desastre —*idem*—. . . 1   »
Al vuelo—*cuentos y apuntes*—*prosa*. 2   »

VAL —Mariano Miguel de.—

Poeta y ateneísta distinguido, es uno de los más entusiastas corifeos de las nuevas tendencias del Arte.

SUS OBRAS:

Edad dorada—*versos*—. . . . . . . 3 pesetas.
La poesía del Quijote. . . . · . . . 2   »
Los novelistas en el teatro,/*tentativas*
  dramáticas de Doña Emilia Pardo
  Bazán—*prosas*— . . . . 3,50 »

VALENZUELA —Jesús E.—

Poeta de corazón. Espíritu entusiasta. Ha contribuido poderosamente al renacimiento de la poesía mexicana.

SUS OBRAS

Almas y cármenes —*poesías*—. . . .   6 pesetas.

VALERA —Luis.—

El joven marqués de Villasinda, hijo del maestro D. Juan Valera, continúa gloriosamente la labor de su padre.

SUS OBRAS:

Sombras chinescas—*recuerdo de un viaje al Celeste Imperio*—. . . . .   5 pesetas.
Visto y soñado.   3   »
Del antaño quimérico —*cuentos*—. .   3   »
Un alma de Dios —*novela*—.   1   »

VALLE-INCLAN —Ramón del.—

Es un artista delicadísimo, que hace de la literatura un arte lleno de exquisita elegancia española. Cincelador del estilo, como un Benvenuto, pone en sus obras un fondo de distinción, cuya naturalidad principesca sorprende. Sus libros son siempre el mismo caballero inquieto, bravo y refinadamente amoroso, que él lleva en el corazón.

SUS OBRAS.

Sonata de Primavera —*novela*— . .   3,50 ptas.
Sonata de Estío —*idem*—.   3,50   »
Sonata de Otoño —*idem*—   3,30   »
Sonata de Invierno —*idem*—. . . .   3,50   »
Flor de santidad —*idem*—   2   »
Jardín umbrío —*cuentos*—.   0,75   »
Jardín novelesco —*idem*—.   3,50   »
Historias perversas   2   »
Aguila de blasón —*novela en cinco jornadas*—.   3,50   »

El marqués de Bradomin —*novela*— 3,50 ptas.
Romance de Lobos —*idem*—. . . . 3,50 »
Aromas de Leyenda —*poesías*—. . . 3   »

VARGAS VILA —J. M.—

Es el D'Annunzio americano, el maestro admirable, el más sincero y orgulloso apóstol del nuevo credo. Su verbo de fuego ha levantado multitudes, y sus obras, maravillosas de fuerza y de color, han abierto un surco de luz en el pensamiento hispano-americano. Es el más grande é intenso de todos los exaltadores de la vida. Canta el idilio y la epopeya. El símbolo de su escudo es una paloma con fuerzas y garras de condor.

SUS OBRAS:

Alba roja —*novela*— . . . . 6 pesetas.
Los divinos y los humanos —*crítica*. 6   »
Flor del fango —*novela*—. 6   »
Los parias —*prosas de combate*—. . 6   »
Ibis —*novela*—. 6   »
Aura ó las violetas —*cuentos*—. . . 4   »
Copos de espuma —*idem*—. 4   »
Rosas de la tarde —*novela*—. . . . 4   »
Verbo de admonición y de combate —*prosas*—. 6   »
La simiente —*novela*—. 6   »
Alma de los lirios —*idem*—. 6   »
Laureles rojos —*prosas*—. 6   »
Los césares de la decadencia . . . 5   »

VERDUGO —Manuel.—

Es un poeta sincero y delicado que nos conmueve profundamente en algunas de sus composiciones revelándose en otras como un humorista de la mejor cepa inglesa.

SUS OBRAS:

Hojas —*poesías*—. . . . . 2 pesetas.

VICENTE DE ELORMENDI —Angeles.—

Esta distinguida novelista americana se ha dado á conocer entre nosotros con su hermosa novela *Teresilla*, mereciendo grandes elogios por la sinceridad y valentía de su trabajo.

SUS OBRAS:

Teresilla —*novela*— . . . . 2 pesetas.

VIDAL —Pepita.—

Sentimiento, delicadeza y elegancia, son la característica de esta distinguida poetisa. Sus escritos en prosa también le granjearon merecidos elogios.

SUS OBRAS:

Lira andaluza —*poesías*—. . . . . . . 3,50 ptas.
Cosas que pasan —*prosa ligera*—. . 2,50 »
Vibraciones —*poesías* y *cantares*—.. 1 »

VILLAESPESA —Francisco.—

Es un poeta de extraordinario mérito entre los jóvenes literatos que hoy ensalza la fama. Con justicia su nombre figura en primera línea y es seguro que sus hermosas producciones pasarán á los tiempos futuros rodeadas de gloriosa aureola.

SUS OBRAS:

Rapsodias —*poesías*— . . . . 2 pesetas.
Las canciones del camino —*idem*— 2 »
Tristitiae Rerum (*La tristeza de las cosas*) —*poesías*—.. . . . . 3 »
Carmen —*cantares*—. . . . . 2 »
Viaje sentimental —*poesías*—. . . . 3 »
El milagro de las rosas —*novela* de *El Cuento Semanal*—. . . . . 0,30 »

VILLEGAS—Ramón.—

Con su obra *Géminis*, prologada por Felipe Trigo, se presenta á la palestra este nuevo campeón de nuestra literatura. Basta leer el libro para comprender lo mucho bueno que tal autor pueda producir.

SUS OBRAS:

Géminis—*novelas cortas*—.. . . . . .   3 pesetas.

ZAMACOIS —Eduardo.—

Es el novelista español que mejor ha interpretado la psicoligía moderna del amor. Por eso sus obras han alcanzado una popularidad extraordinaria, no sólo en España y América, sino en Francia y Portugal, á cuyos idiomas ha sido traducido. Su triunfo en París es su consagración definitiva. *Río abajo*, su último volumen, es una admirable colección de cuentos é impresiones.

SUS OBRAS:

La enferma —*novela*—.	1	pesetas.
Punto negro —*idem*—	1	»
Tik nay (El payaso inimitable)—*idem*	1	»
Incesto —*idem*—.	1	»
Loca de amor —*idem*—.	1	»
El seductor —*idem*—.	1	»
Duelo á muerte —*idem*—.	1	»
Memorias de una cortesana —*idem*.	2	»
De carne y hueso —*cuentos*—. . . .	1	»
Horas crueles —*idem*—	1	»
De mi vida —*recuerdos*, *crítica*, *etc.*	1	»
Impresiones de arte —*crítica*—. . .	1	»
Sobre el abismo —*novela*—.. . . .	1	»
Río abajo—*crónicas*—.	3	»
Desde mi butaca.	3	»

Novelas cortas.

Noche de novios . . . .⎞
La quimera . . . .⎮
El lacayo . . . . ⎬ A 0,50 ptas.
Semana de Pasión . . . . ⎮
El misterio de Lucía. . . . .⎮ una.
Bodas trágicas . . . .⎮
La estatua. . . . . ⎠

La cita —*novela* de *El Cuento Semanal*—. . . . . 0,30 ptas.

ZAYAS —Antonio.—

Es un culto poeta, que pudiera formar en las filas
de los discípulos de Leconte de Lisle. Tiene una
visión moderna de la naturaleza y una serenidad
digna de Heredia. Su labor constante se muestra
en estrofas sonoras de correctísimo estilo y sus
libros han sido muy bien acogidos por la crítica.

SUS OBRAS:

Joyeles bizantinos —*poesías*— . . . 3 pesetas.
Retratos antiguos —*ídem*—. . . . . 3 »
Paisajes —*ídem*— . . . . 3 »
Noches blancas —*ídem*—. . . . . . 3 »
Leyenda —*ídem*—. . . . . 4 »
Poesías —*primeros versos*— . . . · 1 »
Los trofeos —traducción—. . . . . 4 »
Ensayos de crítica histórica y lite-
raria. . . . . 3,50 »

ZELEDON —José M.ª—

Este notable poeta americano es un verdadero genio de la lírica moderna castellana. Sus brillantes estrofas son hermosas joyas de inapreciable
valor.

SUS OBRAS:

Musa nueva.—Cantos de vida —*poe-
sías*—. . . . . 3 pesetas.

ÚLTIMAS OBRAS PUBLICADAS

En prosa

BARRIOBERO —Eduardo.—
Guerrero —*novela*— . . . . 2 pesetas.

GÁLVEZ —Pedro Luis de.—
Los aventureros del arte —*novela* 3,50 pesetas

HOYOS —Antonio de.—
A flor de piel —*novela*—. . . . . . . 3,50 pesetas.

LÓPEZ DE HARO —Rafael.—
En un lugar de la Mancha... —*novela* 2 pesetas.
Dominadoras —*idem*— . . . . 3 »
El salto de la novia— *idem*—. . . . . 3 »

MUÑOZ —Isaac.—
Voluptuosidad —*novela*— . . . . . . 3 pesetas.
El libro de las Victorias. . . . . 3 »

OLMEDILLA —Agusto Martínez.—
La caída de la mujer —*novela*— . . 3 pesetas.

RÉPIDE —Pedro de.—
La enamorada indiscreta —*novela*— 3 pesetas.

RUEDA —Salvador.—
La Cópula —*novela*— . . . . 3 pesetas.

RUSIÑOL —Santiago.—
La madre.—Cigarras y hormigas
—*drama*— . . . . 3,50 pesetas.

SASSONE —Felipe.—
Almas de fuego —*prosas*—. . . . . . 3 pesetas.

SILES —José de.—
La hija del fango —*novela*— . . . . . 1 peseta.
El asesino de Lázara.. . . . . 1 »
Acuarelas del redondel. . . . . 1 »

TRIGO —Felipe.—
La Altísima —*novela*—. . . . . . 3,50 pesetas.
El amor en la vida y en los libros. 3 »
El barón de Lavos —*novela por-
tuguesa de Abel Botelho*— 2 to-
mos . . . . 6 »
La bruta —*novela*— . . . . 3,50 »

VALLE-INCLÁN —Ramón del.—
El marqués de Bradomín —*novela*— 3,50 ptas.
Romance de Lobos —*idem*— . . . . 3,50 »

VICENTE —Angeles.—
Teresilla —*novela*— . . . .   2 pesetas.

VILLEGAS.
Géminis —*tres novelas en un tomo*—   3 pesetas.

ZAMACOIS —Eduardo.—
Río abajo —*novelas cortas*—. . . . .   3 pesetas.

En verso.

CHOCANO —José Santos.—
Fiat lux . . . . 5 pesetas.

———

DIEZ-CANEDO —Enrique.—
La visita del Sol . . . . 2 pesetas.

———

FABRA —Nilo.—
Ingenuamente . . . . 2 pesetas.

FORTUN —Fernando.—
La hora romántica . . . . 2 pesetas.

———

GOMEZ JAIME —Alfredo.—
Rimas del Trópico . . . . 3 pesetas.

———

LOPEZ —Luis C.—
De mi villorrio . . . . 2 pesetas.

———

MACHADO —Manuel.—
Alma.—Museo.—Los cantares . . . . 3 pesetas.

———

MACHADO —Antonio.—
Soledades.—Galerías.—Otros poemas. 3 ptas.

———

MARTINEZ-SIERRA —Gregorio.—
La casa de la Primavera . . . . . . 3,50 pesetas.

MOLINA —Gonzalo.—
Rimas bohemias.. . . . . 2 pesetas.

NERVO —Amado.—
Almas que pasan . . . . 3,50 pesetas.

SHERIF —Leonardo.—
Versos de Abril. . . . . 2 pesetas.

VARIOS AUTORES.
La corte de los poetas.—Frorilegio
de Rimas modernas. . . . . 4 pesetas

VILLAESPESA —Francisco.—
Las canciones del camino. . . . . . . 2 pesetas.
Tristitiæ Rerum.. . . . . 3 »
Carmen. . . . . 2 »

ZAYAS —Antonio de.—
Leyenda —*poesías*— . . . . 4 pesetas.

Se acabó de im-
primir este Ca-
tálogo el día
10 de Marzo
de 1908.
Imp. de Arróyave
y González,
Pizarro,
núm. 15.
Madrid

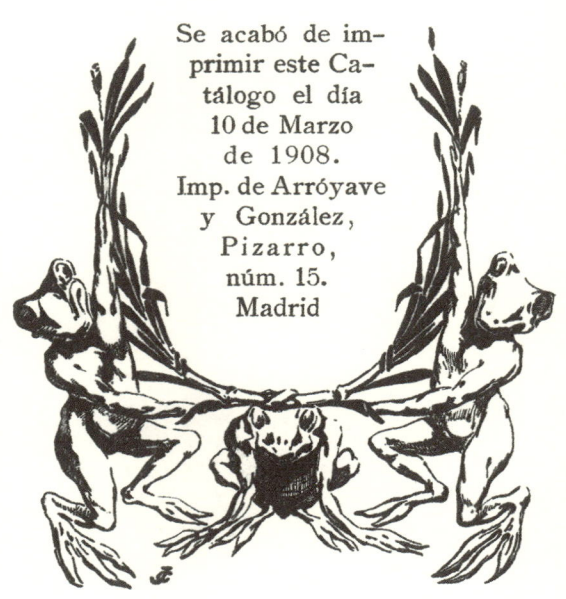

Biblioteca Hispanoamericana

Tomos publicados

Cada uno 3 pesetas.

PEDRO DE RÉPIDE.—*La enamorada indiscreta ó el peligro en la verdad.—Agua en cestillo.—No hay fuerza contra el amor.*—Tres novelas en un tomo.

RAFAEL LÓPEZ DE HARO.—*Dominadoras* (novela). Un tomo.

ABEL BOTELHO.—*El Barón de Lavos* (novela). Traducción del portugués y prólogo de Felipe Trigo. Dos tomos.

ANTONIO MACHADO. — *Soledades. — Galerías.— Otros poemas* (poesías). Un tomo.

SALVADOR RUEDA. — *La cópula* (novela). Un tomo.

AUGUSTO MARTÍNEZ OLMEDILLA.—*La caída de la mujer* (novelas cortas). Un tomo.

TULIO M. CESTERO.—*Sangre de Primavera* (prosas). Un tomo.